"十二五"普通高等教育本科国家级规划教材

综合日语

第三版

总主编　彭广陆　〔日〕守屋三千代

第四册教学参考书

主　编　杨　峻　孙佳音
编　者　何　琳　冷丽敏　刘　健
　　　　彭广陆　王轶群　周　彤
　　　　〔日〕滨田亮辅

北京大学出版社
PEKING UNIVERSITY PRESS

图书在版编目（CIP）数据

综合日语第四册教学参考书 / 杨峻，孙佳音主编. 3版. —— 北京：北京大学出版社，2025.1. —— ISBN 978-7-301-35871-9

I . H369.39

中国国家版本馆 CIP 数据核字第 2025TD8920 号

书　　　名	综合日语（第四册教学参考书）（第三版）
	ZONGHE RIYU (DI-SI CE JIAOXUE CANKAO SHU) (DI-SAN BAN)
著作责任者	杨　峻　孙佳音　主编
责任编辑	兰　婷
标准书号	ISBN 978-7-301-35871-9
出版发行	北京大学出版社
地　　址	北京市海淀区成府路 205 号　100871
网　　址	http://www.pup.cn　新浪微博：@北京大学出版社
电子邮箱	编辑部 pupwaiwen@pup.cn　总编室 zpup@pup.cn
电　　话	邮购部 010-62752015　发行部 010-62750672　编辑部 010-62759634
印　刷　者	北京鑫海金澳胶印有限公司
经　销　者	新华书店
	787 毫米 ×1092 毫米　16 开本　11 印张　280 千字
	2006 年 11 月第 1 版
	2025 年 1 月第 3 版　2025 年 1 月第 1 次印刷
定　　价	48.00 元

未经许可，不得以任何方式复制或抄袭本书之部分或全部内容。
版权所有，侵权必究
举报电话：010-62752024　电子邮箱：fd@pup.cn
图书如有印装质量问题，请与出版部联系，电话：010-62756370

前　言

　　《综合日语：教学参考书》是《综合日语》（第三版）配套系列教材之一，其宗旨是为教师设计与组织教学提出可供参考的教学思路，为教师开展课堂教学活动提供切实有效的实施方案。

　　《综合日语：教学参考书》为教师开展课堂教学提供有效的实施方案，各课由（1）教学目标，（2）语言知识点、学习重点及拓展教学提示，（3）教学重点，（4）教材练习答案，（5）学习手册答案，（6）学习手册听力录音稿，（7）课文翻译七部分组成。

1. 教学目标

　　在基本教学目标的基础上，有机结合立德树人教学理念，充分体现《普通高等学校本科专业类教学质量国家标准》(2018)及《普通高等学校本科外国语言文学类专业教学指南》(2020)的人才培养目标，同时明确课程思政目标和情感态度目标，将结果性目标与体验性目标结合，为教学提供明确的导向。

2. 语言知识点、学习重点及拓展教学提示

　　梳理各单元的语言知识点，提示语言知识点的运用并提供课堂教学实施建议。

3. 教学重点

　　由词汇教学重点、语法教学重点构成。

　　词汇教学重点提炼使用频率高以及在意义、使用规则等方面容易出错、容易与汉语混淆导致误用的词汇，并提供相关教学建议。

　　语法教学重点在各单元语法解说的基础上，深入梳理教学难点，有机整合其内在关系，解析近义表达，解析与汉语近似的语法表达等，并提供相关教学建议。

4. 教材练习答案

　　教材中每课两个单元课后练习的参考答案及讲解建议。

5. 学习手册答案

　　《综合日语》（第四册学习手册）（第三版）各课练习的参考答案。

6. 学习手册听力录音稿

　　《综合日语》（第四册学习手册）（第三版）各课的听力录音稿。

7. 课文翻译

《综合日语》（第四册）（第三版）各单元课文的中文翻译。

《综合日语》（第三版）通过公共网络平台分享优质学习资源，超越了固定模式，打破了"纸质媒介"的限制，成为动态、多模态的系列教材。《综合日语：教学参考书》出版后，编委会将根据时代的发展、使用者的反馈，不断更新、补充动态资源，为广大教师提供更有效的帮助。

在编写过程中，所有成员倾注了大量心血，但是由于水平有限，难免存在不尽如人意之处，希望广大师生批评指正，以便今后不断修订、完善。衷心感谢大家对本书的厚爱，希望《综合日语：教学参考书》能够成为广大一线教师的教学伙伴，为开展课堂教学提供有力支持。

《综合日语：教学参考书》编者

2024年9月15日

教学温馨提示

1. 本教材在充分考虑到中国学生的现有知识体系、文化背景、认知特点的基础上，为在中国学习日语的中国学生精心打造而成。在日语学习中，汉字知识的迁移一方面会给学生带来事半功倍的学习效果，但有时也会成为日语学习的羁绊，因此需要在日语学习初级阶段加强指导，帮助学生有效地发挥汉字的作用，同时排除母语的负迁移。

2. 本教材每篇课文都是一个完整的语篇，建议指导学生从语篇出发，基于语篇文本，并在语篇的具体语境中理解词语用法以及相关的语言知识，不提倡为了讲解单词、语法等语言知识将一个完整的语篇肢解成若干部分。单词、语法等语言知识的学习可以安排在课文学习之前或者完成课文的学习之后。

3. 本教材会话课文追求日语语言表达的自然与得体，没有采取简单的一问一答的形式。建议引导学生注意到这一点，在自己实践时也尽量模仿自然的语言表达形式。

4. 本教材主要出场人物身份、性格以及人物关系前后统一，贯穿整部教材。每个人物的性格、语言特点、处事方法各具特色，这种精心设计的目的不只是增加教材的故事性与趣味性，更重要的是通过不同的人物个性，体现日语语言表达的特点。建议在教学中挖掘这些素材，帮助学生加深对日语的理解，培养良好的语感。

5. 外语学习的初级阶段，不得不面对学生认知水平与外语水平的不匹配。建议鼓励学生大胆使用所学语言知识，根据需要扩充词汇，表达自己真正想表达的内容。

6. 日语委婉表达丰富，有些初学日语的学生可能认为是"虚伪"。实际上委婉表达大多出于善意，目的是不让对方难堪。可以通过教材的会话、课文，引导学生意识到这一点，帮助学生消除由于文化差异而产生的误解或抵触情绪。

7. 外语课堂经常有展示、说明的环节。建议引导学生抓住谈话对象的注意力，建立听众意识，建立共鸣。课堂上组织、引导同学积极参与互动，鼓励学生积极思考、体会、实践，培养学生成为展示、说明的达人，培养学生外语专业素养。

目 次

第1課　コミュニケーション ………………………………………………… 1
　　一、教学目标 ……………………………………………………………… 1
　　二、语言知识点、学习重点及拓展教学提示 ………………………… 1
　　三、教学重点 ……………………………………………………………… 2
　　四、教材练习答案 ………………………………………………………… 5
　　五、学习手册答案 ………………………………………………………… 11
　　六、学习手册听力录音稿 ………………………………………………… 12
　　七、课文翻译 ……………………………………………………………… 14

第2課　沖縄合宿 …………………………………………………………… 18
　　一、教学目标 ……………………………………………………………… 18
　　二、语言知识点、学习重点及拓展教学提示 ………………………… 18
　　三、教学重点 ……………………………………………………………… 19
　　四、教材练习答案 ………………………………………………………… 22
　　五、学习手册答案 ………………………………………………………… 26
　　六、学习手册听力录音稿 ………………………………………………… 28
　　七、课文翻译 ……………………………………………………………… 31

第3課　クロスカルチャー ………………………………………………… 35
　　一、教学目标 ……………………………………………………………… 35
　　二、语言知识点、学习重点及拓展教学提示 ………………………… 35
　　三、教学重点 ……………………………………………………………… 36
　　四、教材练习答案 ………………………………………………………… 39
　　五、学习手册答案 ………………………………………………………… 44
　　六、学习手册听力录音稿 ………………………………………………… 46
　　七、课文翻译 ……………………………………………………………… 49

第 4 課　読書 ··· 53
　　一、教学目标 ··· 53
　　二、语言知识点、学习重点及拓展教学提示 ·· 53
　　三、教学重点 ··· 54
　　四、教材练习答案 ·· 56
　　五、学习手册答案 ·· 59
　　六、学习手册听力录音稿 ··· 61
　　七、课文翻译 ··· 62

第 5 課　さまざまな学び ·· 66
　　一、教学目标 ··· 66
　　二、语言知识点、学习重点及拓展教学提示 ·· 66
　　三、教学重点 ··· 67
　　四、教材练习答案 ·· 68
　　五、学习手册答案 ·· 74
　　六、学习手册听力录音稿 ··· 76
　　七、课文翻译 ··· 79

第 6 課　子どもと大人 ··· 82
　　一、教学目标 ··· 82
　　二、语言知识点、学习重点及拓展教学提示 ·· 82
　　三、教学重点 ··· 83
　　四、教材练习答案 ·· 85
　　五、学习手册答案 ·· 87
　　六、学习手册听力录音稿 ··· 90
　　七、课文翻译 ··· 92

第 7 課　説明 ·· 96
　　一、教学目标 ··· 96
　　二、语言知识点、学习重点及拓展教学提示 ·· 96
　　三、教学重点 ··· 97
　　四、教材练习答案 ·· 100
　　五、学习手册答案 ·· 104

　　　　六、学习手册听力录音稿 …………………………………………… 106
　　　　七、课文翻译 ……………………………………………………… 107

第8课　発表 …………………………………………………………………… 112
　　　　一、教学目标 ……………………………………………………… 112
　　　　二、语言知识点、学习重点及拓展教学提示 …………………… 112
　　　　三、教学重点 ……………………………………………………… 113
　　　　四、教材练习答案 ………………………………………………… 117
　　　　五、学习手册答案 ………………………………………………… 123
　　　　六、学习手册听力录音稿 ………………………………………… 125
　　　　七、课文翻译 ……………………………………………………… 128

第9课　コミュニケーション新時代 ………………………………………… 133
　　　　一、教学目标 ……………………………………………………… 133
　　　　二、语言知识点、学习重点及拓展教学提示 …………………… 133
　　　　三、教学重点 ……………………………………………………… 134
　　　　四、教材练习答案 ………………………………………………… 135
　　　　五、学习手册答案 ………………………………………………… 138
　　　　六、学习手册听力录音稿 ………………………………………… 140
　　　　七、课文翻译 ……………………………………………………… 145

第10课　旅立ち ……………………………………………………………… 148
　　　　一、教学目标 ……………………………………………………… 148
　　　　二、语言知识点、学习重点及拓展教学提示 …………………… 148
　　　　三、教学重点 ……………………………………………………… 149
　　　　四、教材练习答案 ………………………………………………… 151
　　　　五、学习手册答案 ………………………………………………… 155
　　　　六、学习手册听力录音稿 ………………………………………… 157
　　　　七、课文翻译 ……………………………………………………… 160

第1課　コミュニケーション

一、教学目标

1. 理解文本中「ね」「よ」等终助词的用法，能够使用日语与朋友完成邮件往来。
2. 理解投稿类文本的内容，以有限的字数简要表达自己的意见及理由。

二、语言知识点、学习重点及拓展教学提示

1. 语言知识点及学习重点

ユニット1

语言知识点	学习重点
① Vそばから＜先后发生＞ ② Nときたら＜话题＞	① 理解片假名书写的特殊用法。 ② 运用终助词「ね」表达自己和对方的共同看法等。 ③ 理解「じゃない」的不同用法及其语调所包含的语气。

ユニット2

语言知识点	学习重点
① ～反面＜相反的两面＞ ② Nをめぐって／めぐる＜中心点＞ ③ ～としたら＜假定条件＞ ④ Vることなく＜未实行＞ ⑤ ～かと思ったら＜出乎意料＞ ⑥ Vがたい＜难以实现＞ ⑦ ～ない限り＜否定性的唯一条件＞	① 运用「さすがに」表达自己较为复杂的心情。 ② 阅读文章，把握文章的要义。

2. 拓展教学提示

(1) 结合课文2，以"年轻人的金融观念"为主题，展开分组讨论。可以海报或推文等形式在全班共享讨论结果。

三、教学重点

（一）词汇教学重点

1. 向こう

在《综合日语（第三册教学参考书）》第8课「大学祭」的词汇教学重点部分，曾经介绍过「向ける・向く・向かう」系列的动词。「向こう」为「向かう」的名词形式，本单元的「向こうの学生」意义为"（冲绳）那边的学生"。「向こう」本义是指示方向，指说话人朝向的方向，因此有"对面""对方"甚至"远方"的含义。另外，「向こう」还可以「向こう＋○○年」的形式表示"未来～年"。例如：

(1)来年、山の**向こう**の村に引っ越す。
(2)**向こう**での日々はいかがでしょう。
(3)**向こう**のご都合を聞いてから日程を決めましょう。
(4)この事件は、**向こう**何百年かの人類に影響をもたらす。

1. 犯罪に走る

「走る」本义表示"跑，跑步，奔跑"，其内涵的"快速、移动"等意义使该词有着丰富的表达，可以表示逃跑，还可以表示火车、汽车的奔驰，也可以描述雷电、血液、疼痛感，甚至可以像本单元的「犯罪に走る」，以「～に走る」的形式，表示"步入～（歧途）"。例如：

(1)子供たちが田原で楽しそうに**走っている**。
(2)鉄道は山のそばに沿って**走っている**。
(3)背中に痛みが**走る**。
(4)突然、稲妻が**走った**。
(5)非行に**走る**少年たちを助ける。

（二）语法教学重点

1. Ｖそばから＜先后发生＞（→📖条目1）

该句式表达的是前项的动作之后很快就出现后项的动作或结果，这样的情况反复发生。说话人带有不满、无奈的消极语气。一般不用于表达一次性事件，如(4)。

(1)おいしすぎて、作った**そばから**なくなってしまう。
(2)おもちゃを片づける**そばから**子供が出してくる。
(3)本を読んだ**そばから**忘れてしまうから、いつもメモをとっている。
(4)×新しい掃除機を買った**そばから**、壊れてしまった。

2. Nときたら＜话题＞（→ 条目2）

　　a. 该句式用于将身边的人或事物作为话题提出，后句表达说话人的不满、责怪等负面评价。
(1)最近の若者**ときたら**、礼儀も知らない。
(2)今の社員**ときたら**、能力が低くて困っちゃいますよ。
(3)最近のテレビ**ときたら**、くだらないものばかりで見る価値がない。
(4)弟の部屋**ときたら**、足の踏み場のないくらい散らかっている。
　　有时只保留前句，省略后句。如：
(5)全く最近の若者**ときたら**！
(6)ネット記事のいい加減さ**ときたら**……
　　b.「ときたら」还有一个用法与「といえば」类似，即提出话题后，后项叙述由此联想到的必然的结果，表达说话人的评价、意见。不同的是，「といえば」可以表达对过去事情的回忆，「といったら」则没有该用法。
(7)夏、花火**ときたら**浴衣でしょう。
(8)ビール**ときたら**やっぱりおつまみが欲しくなるよね。
(9)値段が安くデザインも可愛い**ときたら**、絶対これしかない。
(10)雪｛×といったら　○といえば｝、去年は雪がほとんど積もりませんでしたよね。

1. 〜反面＜相反的两面＞（→ 条目1）

　　该句式用于表达一个事物同时具有的两个相反性质，一般前接状态或变化的表达方式。
(1)この仕事は大変な**反面**、やりがいも大きい。
(2)昇進はうれしい**反面**、複雑な気持ちでもある。
(3)挑戦してみてよかったと思う**反面**、自分の未熟さを改めて実感した。
　　与此类似的句式有「〜一方（で）」（第三册第3课）。区别在于，「〜一方（で）」表达的是一个事物的两个方面，可以用在非对立或相反的关系中。

(4)あの人は歌手として活躍する｛×反面　　○一方｝、俳優としても高い評価を集めている。

(5)マイクさんは日本語が話せる｛×反面　　○一方で｝、中国語も話せる。

(6)熱心に勉強する｛×反面　　○一方で｝、クラブ活動に力を入れる生徒が多い。

如果是对两个事物进行对比，则使用「～のに対して」，不用「～反面」和「～一方（で）」。

(7)兄は背が高い｛×反面　　×一方で　　○のに対して｝、弟の方は背が低い。

2. Nをめぐって／めぐる＜中心点＞（→📖条目2）

a.「Nをめぐって」后项一般为「議論する、検討する、話しあう、争う、けんかする、対立する」等动词，表达多人就某一中心问题进行讨论、议论、争议。单个人的动作行为不用「Nをめぐって」。学生常见的误用是与「Nについて」的混淆，需要提醒。

(1)日本の近代文学｛×をめぐって　　○について｝研究したいです。

(2)注意事項｛×をめぐって　　○について｝スタッフが説明してくれた。

b.「～をめぐって」的句末不用意图性表达方式。

(3)卒業後の進路｛×をめぐって　　○について｝話し合ってください。

3. Vることなく＜未实行＞（→📖条目4）

虽然与「Vないで」「Vずに」一样都是表达动作的否定，但是「Vることなく」含有"预料的可能发生的事情未（不）发生"的语义，为书面语。

(1)道に迷うことなく、無事に到着した。

(2)誰も遅れることなく、予定通り出発した。

(3)一日も休むことなく、学校生活を送ることができた。

(4)これからも変わることなく、この道を歩き続けて行くことだろう。

4. ～かと思ったら＜出乎意料＞（→📖条目5）

「～かと思ったら／～かと思うと」表达出乎说话人意料的事情，后项不能使用命令、要求、意图的表达方式。

(1)寒いかと思ったら、案外風もなく暖かった。

(2)今日は早く帰ってくるかと思ったら、仕事で帰れなくなったみたいだ。

(3)金曜日に注文して数日後に到着する**かと思ったら**、次の日に届いた。

该句式也可以表达在前项发生之后紧接着发生了令人意外的后项，此时前接动词为"た形"，相当于汉语的"刚（以为）……，就……"。

(4)雨が止んだ**かと思ったら**、また降り出した。

(5)仕事が終わった**かと思ったら**、別の職場から応援を頼まれた。

5. Vがたい＜难以实现＞（→条目6）

　　a.「Vがたい」为书面用语，也写作「V難い」。表达的是说话人心里想要做某事但是做不到的含义，前接自主动词，不接非自主动词。

(1)彼の要求は受け入れ**がたい**。

(2)あの人はいつも厳しい顔をしていて近寄り**がたい**感じだ。

(3)このガラスは割れ｛×がたい　○にくい｝。

(4)説明がむずかしくて分かり｛×がたい　○にくい｝。

b. 由于「Vがたい」表达的是心理上想做但做不到的困难，所以不用于表达能力、条件、物理层面的困难。

(5)外来語が多くて、｛×**読みがたい**　○**読みにくい**　○**読めない**｝。

(6)この靴は可愛いけど履き｛×がたい　○にくい｝。

c.「Vがたい」的前接动词比较受限，一般为表达心理、思考、语言行为等的动词。可督促学生记住以下与汉语对应的表达方式。

得がたい（难得）　　　　　　忘れがたい（难忘）
許しがたい（难以原谅）　　　想像しがたい（难以想象）
信じがたい（难以置信）　　　理解しがたい（难以理解）
耐えがたい（难以忍受）　　　受け入れがたい（难以接受）
近寄りがたい（难以接近）

四、教材练习答案

ユニット1

A　内容確認

(1)このチャットはお正月のころだと考えられます。

(2)王さんは札幌の雪祭りに行き、三好さんたちと一緒に楽しみました。また、スキーにも挑戦しましたが、すぐに転んで雪まみれになりました。

(3)はい、王さんは札幌を寒いと感じましたが、長春ほどではないと言っています。

(4) 高橋さんはハルビンの雪祭りがとてもきれいで感激したという感想を持ちました。
(5) 高橋さんは王さんが長春出身だから、ハルビンに行ったことがあると思ったようです。
(6) 美咲さんが鈴木さんのことばかり心配していることから、二人が仲良くなったことが分かります。
(7) はい、高橋さんは王さんから春節のカードをもらいました。
(8) はい、王さんも高橋さんから春節のカードをもらいました。
(9) 王さんたちの空手部の合宿は沖縄で行われます。
(10) 王さんは試合に出るかどうかは、はっきり言っていません。「さあ、どうでしょう……」と言っているので、まだ決まっていないようです。
(11) 沖縄には夜に誰かの家に集まって歌ったり踊ったりする習慣があり、沖縄のポップカルチャーに繋がっているから最高だと言っています。
(12) 沖縄の特有な文化や習慣を直接体験することで、ポップカルチャーの魅力を理解できると考えたからです。
(13) 高橋さんは、コンパを通じて新しい友達を作るチャンスだと考えたからだと思います。
(14) 王さんは沖縄の文化や学生たちとの交流を楽しみにしているからです。
(15) 高橋さんが言った「パフォーマンス」とは、空手の試合や沖縄での歌や踊りのことを指します。王さんがする「パフォーマンス」は、空手の試合に出ることや、沖縄での歌や踊りの活動を指しています。

B 文法練習
1.
 (1) Vそばから
  ① 風邪を引かないと言ったそばから
  ② 名前を聞いたそばから忘れてしまう
  ③ すぐに売り切ってしまった
 (2) Nときたら
  ① 最近の若者ときたら
  ② 乗りたいときに来てくれない
  ③ 「早く勉強しなさい」とばかり言っている

C 会話練習
☞ ポイント1
ここをおさえよう！
(1) 下線部①③④のイントネーションは上昇です。それによって聞き手も知っている情報の確認や聞き手に同意を求めていることが伝わります。
なお、求められた同意に応じる場合も、上昇イントネーションで「ね」を発音します。
(2) 下線部②のイントネーションは下降です。この「ね」は聞き手に同意を求めるのではなく、話し手が自分自身に話しかけながら、確認・検討していることを伝えます。

♣ 言ってみよう！
＊解説：
(1) A：<u>いい天気だね</u>。気持ちがいいね。　　↑(1)の説明
　　 B：うん。ちょっと遊びに<u>行きたいね</u>。　　↑(1)の「同意」に応じる場合
(2) A：明日、一緒に映画に<u>行こうね</u>。　　↑(1)の説明
　　 B：うーん、どうしようかな、実は宿題が<u>終わらなくてね</u>……。 ↑(2)の説明
(3) A：今度の日曜日、うちでギョーザパーティーをするから、<u>来てね</u>。　↑(1)
　　 B：<u>日曜日だね</u>。きっと行くから、<u>よろしくね</u>。(1)の「同意」に応じる場合
(4) A：あ、そのパソコン、<u>かっこいいね</u>。　　(1)の説明
　　 B：うん、<u>それがね</u>……。かっこはいいけど、すぐ壊れるんだ……。 (2)の説明
　　 A：それは<u>困るね</u>。　ここは2通りの解答が可能
　　 (1)→確認し、相手に同意：上昇
　　 (2)→自分のことのように考える様子を表す：下降

♣ 正しいのはどっち？
①よ　②ね　③ね　④よね　⑤よ　⑥ね　⑦よ　⑧ね　⑨ね

☞ ポイント2
ここをおさえよう！
(1) ①から③までの「じゃない」のうち、否定を表すものは①です。
(2) 否定を表す場合、「ない」のアクセントは「な」が高く、「い」が低くなります。これに対し、否定を表さない、確認を伴う強い主張では、「ない」は同じ

高さです。つまり、両方とも高く、または両方とも低くなります。下線部は低く、下線なしは高くなります。
①じゃない
②じゃない
③じゃない
疑問や確認の意味を持ちます。

♣ 言ってみよう！
(1) 木村：あーあ、きのうの試験、全然できなかった。＊以下の下線は低く発音
　　 三好：80点だった①<u>じゃない</u>。気にしなくてもいいよ。　→<u>じゃない</u>
　　 木村：え、80点②<u>じゃない</u>よ。60点だよ。　　　　　　　→<u>じゃ</u>ない
　　 三好：それでも平均点に届いているからいい③<u>じゃない</u>。→<u>じゃない</u>
　　 木村：そうかなあ。
(2) 劉　：この携帯電話、朴さんの①<u>じゃない</u>。　→<u>じゃない</u>　疑問文なので「ない」を両方とも高く発音
　　 朴　：ううん、違うよ。
　　 三好：ちょっと、見せて……これは王さんの②<u>じゃない</u>。→<u>じゃない</u>：同上
(3) 劉　：昨日あんなに来てってお願いしたのに、どうして来てくれなかったの？
　　 三好：僕、行けないって言った①<u>じゃない</u>。　　　　　→<u>じゃない</u>
(4) 王　：そのアクセサリー、すごくいい①<u>じゃない</u>。　　→<u>じゃない</u>
　　 マリー：え、ほんと？ これ、特別いいもの②<u>じゃない</u>んだけど。→<u>じゃ</u>ない
(5) マイク：準備はどう？
　　 王　：準備って？
　　 マイク：もうすぐ沖縄で空手の試合①<u>じゃないか</u>。その準備だよ。
　　　　　　→<u>じゃないか</u>
　　 王　：でも、試合に出られるかどうか、まだわからないよ。
　　 マイク：王さんなら、きっと大丈夫に決まってる②<u>じゃない</u>。
　　　　　　→<u>じゃない</u>
　　 王　：そうかなあ。

第1課　コミュニケーション

☞ ポイント3
ここをおさえよう！

(1)「え（っ）」は、聞き手の言葉に疑問がある時や信じられない時、聞き手が何か意外な情報をくれた時に発する感動詞です。
　「日本でたぶんいちばん暖かいところだよ」と言われ、どこなのか一瞬分からなかった。「（王さんは）試合にはもちろん出る」「今年は全員出場って、決まったんだ」と言われ、マイクさんの言葉が信じられず、それまで考えていたのと違うので困った。

(2)「あ（っ）」は、話し手自身が何か新たな気づきや発見をした時に発する感動詞です。王さんはマイクさんの話を聞いて気づいた時「あ、そうなんですか。」、思い出した時「あ、そうだ。」、突然悟った時「あ、マイクさん、それ冗談でしょう。」と言っています。

(3)①を「え、そうなんですか」にすると、全く知らなかった「沖縄が空手の本場である」ということへの驚きになります。
②を「あ、そうなんですか」にすると、自分も試合に出ることをいま知った、了解したということを表します。

♣正しいのはどっち？
①えっ　②あ　③えっ　④あ　⑤えっ
解説：先生の最後の発話「何ですって?!」は先生がものすごく怒って、許せないと言うような感じとなります。→三好さん、発表を忘れてはいけませんよ。

A　内容確認
(1)主張：電子決済を利用する際には、現金の「重み」を忘れずに利用すべきだということです。
　根拠：電子決済は便利である一方で、必要のない物や高額な物を値段を意識せずに買ってしまうリスクがあること、停電やトラブルの時に使えなくなる可能性があること、そして実際に電子決済によって借金をし、犯罪に走る人がいることが挙げられています。
(2)主張：教室で積極的に自分の意見を発言することが必要であるということです。
　根拠：日本の学校では教師が一方的に授業を進め、生徒が発言する機会が少ないことが多く、学生たちは後ろの方の席に固まりがちであると述べてい

ます。海外での経験から、生徒中心の授業で自分の考えや意見を述べることが普通で、生徒の真剣な取り組みを促していると感じたため、大学でも積極的に発言することが必要だと主張しています。また、自分の意見を持ち、発言することで、社会の中での自分の存在を再確認できるとしています。

B　文法練習

1.
    (1) ～反面
        ①a　②b　③新しいのを買うチャンスでもある
    (2) ～かと思ったら
        ①b　②a　③急に雨が降り出した
    (3) ～ない限り
        ①b　②b　③成功することは難しい

2.
    (1) Nをめぐって／めぐる
        ①ネットショッピングをめぐる消費者トラブル
        ②をめぐって与党と野党の意見が対立している
        ③環境問題
    (2) ～としたら
        ①あの人がそんなことを言っていたとしたら
        ②を本当に尊敬していたとしたら
        ③海外に行ったでしょう
    (3) Vることなく
        ①24時間休むことなく動き続けている
        ②迷うことなく日本語学科を志望した
        ③映画を見続けた
    (4) Vがたい
        ① 誤りを避けがたいものである
        ② 常識的には理解しがたいもの
        ③ 想像し

第1課　コミュニケーション

五、学习手册答案

会話文のまとめ

　　王さんと高橋さんはSNSでチャットをしている。

　　先日、王さんは大学の友人と雪まつりに行ってきた。札幌は長春ほどではないが、寒かった。滑るそばから大転倒して雪まみれになったが、楽しい時間を過ごした。空手部の合宿は沖縄で行われることになって、そこで那覇国際大学との練習試合が予定されている。沖縄ではよくみんなで集まって、歌ったり踊ったりするので、その環境はポップカルチャーの研究には最適で、王さんはとても楽しみにしている。

　　高橋さんも1月に留学生の仲間とハルビンに行ってきた。鈴木さんと渡辺さんが仲良くなって、みなさん留学生活を満喫ている。

読解文のキーワード

(1)電子決済、キャッシュレス決済、現金、便利さ、トラブル、お金の重み
(2)授業、生徒中心、発言、意見、積極的、勇気

実力を試そう

解答例：意見や批判。提案や体験談。感謝を伝えるメッセージ。

I. 文字・語彙・文法

1. (1)てんとう　　(2)なかよ　　(3)じもと　　(4)きんゆう　　(5)おそ
   (6)こおり　　(7)わりびき　　(8)さっぽろ　　(9)せだい　　(10)とちがら

2. (1)感激　　(2)指名　　(3)独立　　(4)購入　　(5)済
   (6)埋　　(7)自覚　　(8)犯罪　　(9)表現　　(10)同僚

3. (1) b　(2) a　(3) a　(4) d　(5) d　(6) a
   (7) c　(8) d　(9) b　(10) c　(11) d　(12) c

4. (1) c　(2) b　(3) a　(4) c

5. (1) c　(2) a　(3) c　(4) d

6. (1) ほど／(より)　(2) で　(3) に　(4) くらい／ぐらい
　 (5) しか／(より)　(6) には　(7) なんか
　 (8) ばかり／(だけを)　(9) とも　(10) に

7. (1) a　(2) c　(3) c　(4) b　(5) d
　 (6) b　(7) c　(8) d　(9) a　(10) b

8. (1) b　(2) d　(3) b　(4) d　(5) c　(6) d

Ⅱ. 听力
1. a
2. d
3. (1) ②　(2) ②　(3) ①　(4) ③

Ⅲ. 阅读
　　略

六、学习手册听力录音稿

実力を試そう
　日本の新聞の投書欄にはどんな投書がありますか。録音を聴きながらメモをしましょう。

　日本の新聞の投書欄には、一般読者からのさまざまな意見や提案が掲載されることがあります。
(1) 意見・批判。　政治や社会問題に関する意見や批判が投稿されることがあります。読者が気になる問題や政府の政策に対しての批判などが含まれます。
(2) 提案・アイデア。　新しいアイデアや提案が投稿されることもあります。読者が社会や地域の改善策、新たなビジネスアイデア、イベントの案内などを提案することがあります。
(3) 読者からのエピソード。読者が自身の経験や体験談を共有することもあります。旅行記、教育に関するエピソード、健康や美容に関する体験談など、様々なジャンルのエピソードが投稿されることがあります。
(4) 感謝のメッセージ。新聞に対する感謝の気持ちや、特定の人への感謝メッセー

第1課　コミュニケーション

ジが投稿されることもあります。読者が新聞の記事や特集に感銘を受けた際に、その感謝の気持ちを伝えるために投稿することがあります。

1. 録音を聴いて、内容と合っているものを一つ選びなさい。

   A：今日は、木村さんに発表してもらいます。はい、それでは、木村さん、よろしくお願いします。

   B：みなさん、こんにちは。木村です。今日は、最近の日本のサラリーマンをめぐる問題について発表したいと思います。
   　　みなさんもご存知のとおり、日本のサラリーマンは、世界でも勤勉で有名です。最近、この勤勉さのために極度のストレスを感じ、病気になってしまったり、自殺に至ったりするという人が増えてきています。日本の会社員は、あまりにも仕事を重視するため、常識的な業務時間を無視していることは分かっていながらも、無理な残業をしてしまいます。病気にかからない限りほとんど有給休暇も取りません。体調が悪くなって休暇を取った時には、病院に通わなくてはならないほどに心も体もぼろぼろになっていることも珍しくはありません。なぜこのような状況になってしまうのでしょうか。皆さんと一緒に考えたいと思います。

2. 録音を聴いて、今回送られてきた絵文字を一つ選びなさい。

   女：見て、見て！
   男：どうした。
   女：こんな可愛い顔文字のメールをもらったの。
   男：うん？　これはどういう意味なんだい。
   女：これはね、謝ってるのよ。
   男：あ〜、そういえば見たことがある。そういう意味だったんだ。
   女：うん。これはね、地面に手を付いて謝っている様子を表わしているのよ。このアルファベットの部分が手なんだって。
   男：ふーん。いろいろとよく考え付くもんだね。
   女：他にも漢字を使ったり、丸や点などを組み合わせたりして作るのよ。
   男：前に、僕も一度カッコと丸を使って、驚いた顔を作ったことがあるよ。
   女：感情が伝わってきていいよね。

3. 次の問題の文を聴いて、それに対する正しい返答を、①〜③の中から一つ選びなさい。

(1) A：いい天気だね。気持ちがいいね。
　　B：①気持ちよくないですね。
　　　　②うん。遊びに行きたいね。
　　　　③天気は崩れてしまいました。

(2) A：明日、一緒に映画に行こうね。
　　B：①うーん、昨日映画を見に行きました。
　　　　②うーん、どうしようかな、実はまだ宿題が終わってないんだ。
　　　　③うーん、違うよ。

(3) A：今度の日曜日、うちでギョーザパーティーをするから来てね。
　　B：①日曜日だね。OK。
　　　　②そうですか。暇そうですね。
　　　　③映画に行くんじゃない？

(4) A：あ、そのパソコン、かっこいいね。
　　B：①えっ、どうしよう。
　　　　②どういたまして。
　　　　③うん、それがね……。デザインはいいけど、使い方が面倒なんだ。
　　A：それは困るね。

七、课文翻译

ユニット 1 微信聊天

王　：新年好！
高桥：新年快乐！今年也请多关照。
王　：还请你多关照！前几天，我去看冰雪节了。
高桥：札幌的那个冰雪节？
王　：对。和三好他们一起去的。太漂亮了！
高桥：不错啊。
王　：可就是太冷了，虽然没有长春那么冷。
高桥：滑雪，你没试一下？
王　：滑了，但一滑就摔，不到三分钟就浑身都是雪。
高桥：真想看看（你那个样子）。我一月份不也是去了趟哈尔滨吗？冻死了！

第1課　コミュニケーション

王　：我不是跟你说了哈尔滨很冷吗？
高桥：不过，那里是有名的景点，又确实很美，我太感动了。
王　：是吧。
高桥：对了，你也去过那里吧？长春人嘛。
王　：啊？我没去过。
高桥：你基本算是当地人，还没去过？
王　：嗯。
高桥：对了，铃木一头撞到了熊猫的冰雕上。
王　：熊猫太可怜了。
高桥：我也摔得不轻，但美咲她只知道担心铃木……
王　：啊？是吗？
高桥：最近他们俩可好了。
王　：是吗……
高桥：哦，对了，你父母给我寄了春节贺卡。
王　：你寄的我也收到了。非常别致，太感谢了！
高桥：是吧。对了，空手道队的集训定在哪儿了？
王　：冲绳！
高桥：冲绳！？
王　：还要和那霸国际大学比赛呢，迈克每天都在拼命训练。
高桥：你也参加比赛吗？
王　：这个吧，谁知道呢……
高桥：对了，流行文化说不定冲绳最棒呢。
王　：为什么？
高桥：你去了就知道了！
王　：告诉我吧！
高桥：听说在冲绳到了晚上大家就常聚在谁家中，唱歌跳舞。
王　：太有意思了，年轻人也这样吗？
高桥：是的！
王　：可能就是从这种风俗习惯中产生了冲绳的流行文化吧。对了，还要和那里的学生举行联欢呢！
高桥：好机会！
王　：我都想去了。
高桥：希望你们两方面都有上佳表现。

王　：两方面？
高桥：是啊，比赛，还有唱歌跳舞。
王　：不行啊，又不是扭秧歌。
高桥：啊，我得走了，不好意思，再聊！
王　：嗯，拜拜！

ユニット2　年轻人的来稿

（1）重新审视电子支付的使用方式（公司职员、23岁）

电子支付是一种不通过现金交付，而是通过发送和接收电子数据来完成支付的方式，也被称为"非现金支付"。电子支付已经成为我们日本人生活中相当熟悉的一部分。在过去，基本上只有信用卡，而今出现了许多种类的支付方式，包括交通卡和智能手机应用程序等。

有了卡或智能手机，不用携带现金，就能在需要的时候轻松购买需要的物品。在智能手机应用程序上进行支付有很多优点，如攒积分或使用优惠券打折。然而，人们在享受便利的同时，也容易不考虑价格就购买一些不太需要或昂贵的物品。此外，店铺不同，可用的支付方式也受限制，停电或发生故障时就无法进行支付，这些缺点也不可避免。

其实我就是一名不使用电子支付的"现金主义者"，家人和同事常说我"落伍"。如果感受不到钱包的厚度和重量，我就不会有花钱的感觉。的确有报道说有人因为电子支付而透支，就去借高利贷，为了还款甚至走上犯罪的道路。由电子支付而引起的纠纷今后也将会不断发生。

如果不能使用电子支付了，也许很多人会感到不方便。我建议人们在使用电子支付时不要忘记真实货币的"分量"。

（2）课堂上应踊跃发言（大学生、19岁）

上大学已经一年了。今天在教室里大家依然是从后排往前坐。回想一下这一年，天天如此。形成这一现象的主要原因有两个。

首先是大学老师很少要求学生发言。学生或许是怕被老师点名，或许是想躲在不被注意的角落，因而总在后排的座位扎堆。

因父亲的工作关系，我的高中生活有两年是在国外度过的。在国外，每个班的学生人数很少，上课完全是以学生为中心的。学生也不得不认真地对待每一堂课，在课堂上畅谈自己的想法和见解。

但日本的高中却是老师一个人在那儿讲课。例如在英语课上，老师先念课本，然后翻译成日语，再讲解一下重要的表达方式，这样一节课就结束了。尽管是英语课，但学生们一句英语都不说。我以为在大学就不会有这样的课了吧，没想到大学只不过是高中的延续。在课堂上，有的人睡觉，有的人看与课程无关的书，说话声音只要不影响周围的人，老师就不会批评。

　　的确，日本的学校由于一个班的人数较多，很难做到每个人都积极畅谈自己的想法。但即便在这种环境中，我们也应该有勇气持有和阐述自己的见解。作为一个独立的人，只有持有与别人不同的见解，才能在社会中确立自身的存在价值。为了感受到自身的存在价值，我们应该鼓起勇气踊跃发言。

第2課　沖縄合宿

一、教学目标

　　1. 能够区别使用表示动作的动词「スル」和表示变化的动词「ナル」来陈述做饭过程。
　　2. 能够在阅读过程中区分见闻和经历、感想和意见。

二、语言知识点、学习重点及拓展教学提示

1. 语言知识点及学习重点

ユニット1

语言知识点	学习重点
① N₁といい、N₂といい＜并列举例＞ ② Nにも増して＜超过基准＞	① 关注对话中感叹词的意义和功能。 ② 运用「このところ」描述时间。 ③ 运用「それから」「あと」「あ」「そうそう」「そうだ」等补充描述。

ユニット2

语言知识点	学习重点
① ～というところだ＜阶段、程度＞ ② なぜ（何故）なら（ば）～からだ＜说明原因＞ ③ それにしても＜让步转折＞ ④ V得る＜动作行为的可能性＞ ⑤ Vずして＜否定＞ ⑥ Nの／Vついでに＜动作的并行＞ ⑦ ～まま＜保持原状＞ ⑧ A₁かれA₂かれ＜全面肯定＞ ⑨ Nからいうと＜判断的依据、基准＞ ⑩ せめて＜最低限度＞ ⑪ なりとも＜例示＞	① 运用「なにしろ」表示强调。 ② 阅读文章，体会文学作品的风格。 ③ 掌握原因、判断、限度等表达方法。

2. 拓展教学提示

（1）课文中出现了方言。结合该主题，搜集资料，思考并讨论同学们各自的家乡方言。

三、教学重点

（一）词汇教学重点

1. 青い顔

本单元描写了东西大学空手道社团的冲绳之行，既展示了冲绳的当地特色美食，也向读者传递了一个信息：外语学习、外国生活中的文化冲突性。成年外语学习者已经有了本国、本土的语言习惯、思维方式及生活习惯等，在学习外语以及在国外生活时，更要注意观察。

本单元描写大山头一次看见海蛇，吓得变了脸色，用了「青い顔」来表达。日语中，「～顔」是非常形象的一种表达形式，前面可接形容词、动词等构成固定搭配，表示不同的心情、脸色，有些与汉语类似，有些截然不同，需要注意。当然，日语中还存在大量的「顔～」形式的惯用句，教师可引导学生总结、记忆，例如：

「～顔」の例	汉语意义
青い顔	脸色苍白
難しい顔	一脸严肃；一筹莫展
涼しい顔	冷漠、与己无关（的表情）
疲れた顔	满脸疲惫
浮かぬ顔	表情不悦；满脸心事
困った顔	表情为难
顔が広い	人缘广；面子大
顔が利く	有面子，吃得开
顔が売れる	广为人知
顔から火が出る	羞愧难当；面红耳赤
顔に泥を塗る	给～脸上抹黑；丢脸

1. こころゆく（心行く）

本单元中「こころゆく」是自动词，意为"舒心；令自己满意；满足"。例如：

(1) 久しぶりの休日を、私は**心ゆく**まで大好きな映画を見て過ごした。

(2) 予定のない日は、**こころゆく**までのんびりしたいと思う。

（二）语法教学重点

1. N_1といい、N_2といい＜并列举例＞（→条目1）

　　a.「といい」接在性质相同的两个或多个名词之后，N_1和N_2常常是正在谈论的话题的某些侧面，通过举出具体例子来对话题进行评论。例如：

(1) このソファはデザイン**といい**、快適さ**といい**、抜群だ。

(2) 夫**といい**、子供**といい**、遊んでばかりで、全然手伝ってくれない。

　　b. 讲解这个句式时，可以和「～なり、～なり」「～やら、～やら」等其他表示并列意义的句式进行辨析，巩固所学知识。

　　「～なり、～なり」「～やら、～やら」除名词之外，还可接在动词连体形后，这一点与「～といい、～といい」不同。另外，三者侧重表达的意思和语感略有不同：「～なり、～なり」通常侧重于列举不同的情况或事物；「～やら、～やら」暗含"类似的事情很多无法一一列举完"的意思，通常带有消极的语感；而「～といい、～といい」侧重于表达说话人的判断。

(3) 参考書が必要なら、買う**なり**借りる**なり**して用意してください。

(4) 今週はレポート**やら**バイト**やら**で、ひどく忙しくなりそうだ。

1. それにしても＜让步转折＞（→条目3）

　　讲授这个句式时，注意强调两点：第一，说话人对前项是认可的，后项往往是在认可前项的基础上做出的陈述；第二，后项通常是包含语气的表达方式，表达说话人惊诧、不满、怀疑、感慨等主观感情。

(1) 彼女は今夜帰りが遅くなると言っていたが、**それにしても**遅いですね。

(2) 新人だから仕方がないが、**それにしても**仕事ができなさすぎる。

2. Nの／Vついでに＜动作的并行＞（→📖条目6）

　　a. 教学中首先需要强调，「〜ついでに」前后项两个动作的主语必须是一致的，如果涉及的动作主体不一致，则不可使用这个句式。例如：

　　（1）×母がコンビニへ買い物に行く**ついでに**、私は部屋を掃除した。

　　b.「〜ついでに」前后项的动作在时间上是并行关系，即同时发生。这一点与第1课一单元学习到的「〜そばから」有所不同。可以引导学生回顾复习「〜そばから」的用法，表示的是前后项动作在时间上先后发生。

　　c. 教学过程中可以视情况适当扩展，介绍另一个比较常见的表示动作并行的句式「〜がてら」。除了二者的接续不同之外，前后项的语义关联度也有不同：「〜ついでに」表示前项为主要目的，顺带做了后项动作，两个动作之间可以没有必然关联；而「〜がてら」通常要求前项是后项的另一个目的，需要二者有语义上的关联。试比较：

　　（2）散歩｛のついで／がてら｝に、ちょっと買い物をしてくるよ。

　　（3）出張｛のついでに／がてら｝、友人に会った。

　　（4）東京本社へ｛行くついでに／×行きがてら｝、途中名古屋で降りて、取引先へ挨拶に行った。

3. 〜まま＜保持原状＞＞（→📖条目7）

　　a.「〜まま」在句中的形式比较丰富，可以有「〜まま」「〜ままに」「〜ままで」「〜ままの」「〜ままだ」等。

　　b.「〜まま」接动词时，通常为动词的"た形"。当接动词词典形的时候，表示听凭前项动作发生，含有顺其自然、顺应趋势的语感。多为一些固定的表达，如：

　　（1）足の向く**まま**、気の向く**まま**、旅に出た。

　　（2）春の風に誘われる**ままに**、公園を散歩した。

4. A₁かれA₂かれ＜全面肯定＞（→📖条目8）

　　这个句式分别接在两个有相反语义的形容词词干后，「Aかれ」是文言形容词的命令形，在现代日语中，这个句式多见于一些惯用表达。可以补充以下例句，辅助讲解：

　　（1）暑**かれ**寒**かれ**、休日のお散歩は続けている。

　　（2）狭**かれ**広**かれ**、これは私にとって住み心地のいい部屋だ。

5. Nからいうと ＜判断的依据、基准＞（→ 条目9）

　　a. 表示判断的角度或者依据，相当于汉语的"从……来看""根据……"，也可以说成「Nからいえば」「Nからいったら」等。

　　b. 和这一句式类似的有「Nからみると／みれば／みたら」以及「Nからすると／すれば／したら」系列句式，多数情况下三者可以互换。不过当N是指称人的名词，表达"某人的立场"时，通常只用「Nからいうと」「Nから見ると」，而不用「Nからすると」。

　　（1）経済学者の彼から｛いうと／みると／×すると｝、その国の不況はしばらく続くもののようだ。

6. ～せめて ＜最低限度＞（→ 条目10）

　　副詞「せめて」的使用需要强调两个要点：第一，语义上通常用于表示"即使不能达到理想的状态，也应该达到某个基本的要求或标准"这一意义。第二，语法上，「せめて」要求相应的句末形式与其呼应，常见的有表示愿望、请求、义务等形式。

　　（1）夏休みは、**せめて**一週間ぐらい休みたいものだ。（愿望）
　　（2）**せめて**一晩だけでも泊めてもらえませんか？（请求）
　　（3）**せめて**礼儀正しい言葉遣いを身につけるべきだ。（义务）

四、教材练习答案

① ユニット

A　内容確認

(1) ふつうは「あたたかい」と言います。
(2)「めんそーれ」は沖縄の方言で「ようこそ」という意味だと思います。沖縄に来た観光客や訪問者を歓迎するときに使われると思います。
(3) 那覇国際大学空手部は最近負けることが多いです。比嘉先生が「うちの大学はこのところ負けっぱなしでね」と言っているからです。
(4) 市場に着いてから、まず各自で食材を選びました。
(5) 大山さんはイラブーを食べるという沖縄の習慣にびっくりしました。
(6) 王さんはゴーヤーの漢字が中国と同じだということや、島豆腐が中国の豆腐に似ていることから、古代から中国と沖縄に交流があったと考えました。
(7) ③→⑥→⑧→④→⑩→⑤→①→⑦→②→⑨

第2課　沖縄合宿

(8) 砂糖を入れる、砂糖を入れない。

B　文法練習

1.
 (1)〜といい、〜といい
  ① レストラン、映画館
  ② 画質、音質
  ③ 味、サービス

2.
 (1) Nにも増して
  ① 息子も父親にも増して腕がいい
  ② いつにも増して真剣
  ③ 環境保護

C　会話練習

☞ ポイント1
ここをおさえよう！
 火を<u>通す</u>……火が通る
 <u>煮立てる</u>……煮立つ
 <u>煮る</u>……煮える

　自動詞と他動詞が意味的・形式的なペアを成す場合、望ましい事態の実現やそのような結果に視点を置く場合は自動詞、行為者の動作の着手や意志などに視点を置く場合は他動詞が選ばれる傾向があります。

♣ **言ってみよう！**
① 鍋に湯を沸かします。
② 湯が沸いたら、麺を入れます。
③ 麺がやわらかくなったら、卵を落とします。
④ 卵が固まったら、スープを入れます。
⑤ 火をとめて、よく混ぜて、できあがり。

☞ ポイント2

♣正しいのはどれ？

①では　　　　②前　　　　　　③高ければ　　　④温まったら
⑤入れたら　　⑥入れたら　　　⑦あと　　　　　⑧経ったら

☞ ポイント3

ここをおさえよう！

(1)会社員が話している途中で思い出したものは折りたたみの傘です。
(2)会社員が最後に思い出したものは家族の写真です。

A　内容確認

(1)筆者は特に「主夫」をやろうと志していたわけではなく、たまたまちょっとしためぐりあわせで、女房が仕事に出て筆者が家に残ることになったからです。
(2)筆者は朝7時に起きて朝食を作り、女房を送り出した後、食器を洗い、洗濯をし、食事の買い物に行き、昼食を取り、アイロンをかけ、掃除をし、夕方まで読書や猫と遊び、夕食を作って女房の帰りを待つという日常を過ごしていました。
(3)筆者は貧乏な生活を「シンプル・ライフ」として楽しんでおり、シンプルであることが生活を豊かにしていたと感じています。
(4)筆者の「料理人の習性」とは、魚の頭の方を相手の皿にのせ、自分はしっぽの方をとるという「習性」です。
(5)筆者は、「主婦的」ということは決して「女性的」ということと同義ではなく、「主婦」という役割から生じている傾向・性向にすぎないと考えています。男が主婦の役割を引き受ければ、多かれ少なかれ「主婦的」になると考えています。
(6)筆者にとって、この半年間はシンプルな生活を楽しみ、自由な時間を持つことができたため、「人生の最良の一ページ」だったのだと思います。また、この期間に多くの本を読んだり、のんびりと過ごすことができたからです。
(7)おもしろいと思ったところは、筆者が「シンプル・ライフ」をユーモラスに表現している部分です。貧乏な生活を「無形文化財的」と形容し、シンプルな生活を楽しんでいる様子がユーモアに溢れていると感じました。
(8)「グッド・ハウスキーピング」というタイトルは、筆者が主夫としての生活を

楽しみながら、家事をしっかりとやったことを示していると思います。
(9) 教科書には全部で3か所の「……」がありますが、1つ目と2つ目は同じことを指しています。一つ目と二つ目の「……」には、女房の帰りを待つ時の焦っている気持ちが現れています。2つ目の「……」には、女房の帰りを待つ時に、食べるか待つかと迷っている微妙な気持ちが現れています。

B 文法練習

1.
 (1) それにしても
  ①こんなに忙しいとは思いませんでした
  ②こんなに大きかったことには驚きました
  ③これは本当に美味しいです
 (2) Nの／Vついでに
  ①公園を散歩しました
  ②観光名所を訪れました
  ③入場券を買いました

2.
 (1) ～というところだ
  ①本来ならみんなでお祝いするというところだが
  ②普通ならさあ一休みというところだが
  ③今回は我慢することにします
 (2) なぜなら（ば）～からだ
  ①勝つまで戦い続ける
  ②相手をにらみつけている、ひどいことを言われたにちがいない
  ③心配させたくない
 (3) V得る
  ①どんな事態が起こり得るかなんて、予測できない
  ②信頼し得る証拠が必要だ
  ③あり得る
 (4) Vずして
  ①戦わずして負けるわけにはいかない。
  ②現場に行かずして現場の状況を把握する

③何と呼ぶのだろうか
(5) ～まま
　①世間のことがよく分からないまま
　②雨に濡れた冷たい服のままで寝てしまい
　③パジャマのまま
(6) A_1かれA_2かれ
　①遅かれ早かれ倒れてしまう
　②良かれ悪しかれ、世の中を変えつつある
　③多かれ少なかれ
(7) Nからいうと
　①体力、あの選手はまだまだ走れる
　②能力、田中さんの方が優れている
　③これが最善の方法です
(8) せめて
　①せめて夢の中だけでも、あの人に会いたい
　②せめてお礼の一言だけでも言ってほしかった
　③休ませてください
(9) なりとも
　①景気は緩やかなりとも回復している
　②皆様に若干なりとも
　③知っています

五、学习手册答案
会話文のまとめ
　東西大学空手部一行は那覇国際大学空手部と合同合宿をするために沖縄に来ている。
　空港では顧問の比嘉先生と部長の喜屋武さんが迎えに来てくれていた。その後、空港の近くの市場へ、二人が案内してくれる。1階で買った食材を2階で店員さんが料理してくれる珍しい市場だ。まず、1階で沖縄の珍しい魚を見てまわる。大山さんは海蛇やハリセンボンが怖くて気持ち悪くなったようだ。次に2階の食堂で、王さんとマイクさんがゴーヤチャンプルーの作り方を店員さんに教えてもらい、大山さんを除くみんなで食べた。

第2課　沖縄合宿

Ⅰ. 文字・語彙・文法

1. (1)あみ　(2)かいしゃく　(3)たね　(4)こころざし　(5)うつわ
   (6)ひんぱん　(7)どくは　(8)せけん　(9)てっそく　(10)ちんもく

2. (1)女房　(2)味見　(3)型崩・形崩　(4)干　(5)基盤
   (6)平穏　(7)貧乏　(8)生　(9)微妙　(10)余分

3. (1) b　(2) c　(3) a　(4) a　(5) b　(6) c
   (7) d　(8) b　(9) d　(10) a　(11) b　(12) d

4. (1)漬ける　漬かり　(2)混ぜ　混ざら　(3)伸びる　伸ばす
   (4)崩れる　崩す　(5)煮える　煮　(6)破ろ　破れ
   (7)泊まる　泊め　(8)づく　づけ

5. (1)再（訓練）　再（開発）　(2)未（開発）
   (3)無（資格者）　未（経験者）　(4)最（下位）　(5)ど（ケチ）

6. (1)っぱなし　(2)出し　(3)かけ　(4)合う　(5)得る

7. (1) d　(2) c　(3) c　(4) b　(5) a
   (6) c　(7) c　(8) c　(9) b　(10) a

8. (1)に　(2)を　(3)に　(4)とも　(5)でも
   (6)に　(7)に　(8)を　(9)と　(10)にも

Ⅱ　听力

1. (1)×　(2)×　(3)○　(4)×
2. (1)①　(2)③
3. (1)③　(2)②　(3)①　(4)③

Ⅲ　阅读

省略

六、学习手册听力录音稿

実力を試そう

　　日本を代表するベストセラー作家村上春樹は1949年に京都市で生まれ、兵庫県で育った小説家です。早稲田大学第一文学部演劇科を卒業し、1974年にジャズ喫茶「ピーター・キャット」を開店。働きながら夜中に執筆した処女作『風の歌を聴け』で、1979年群像新人文学賞を受賞し、デビューしました。小説・エッセイ・紀行文・翻訳書など、数々の名著を世に送り出しています。

　　世界でも高く評価されており、日本を代表する小説家の1人です。村上春樹の新刊が出ると、毎回世間で話題になり、毎年ノーベル文学賞候補にも名前が挙がります。村上春樹作品は独特で不思議な世界観があり、奇抜な比喩表現が多い点などが特徴です。ファンも多く、"ハルキスト"と呼ばれています。

　　また村上春樹は音楽への造詣も深く、愛聴しているビートルズやウィルコなどの楽曲を作品のモチーフとしたり、音楽関連作品などが刊行されたりしています。

　　村上春樹作品には、読者の心にイメージが直接入り込んでくるような魅力があります。ストーリーのおもしろさはもちろん、自由かつ大胆で、想像力をかきたてられる作品も多いです。ほかにも、病みつきになる読後感や個性豊かな登場人物など、さまざまな魅力があります。

1. 録音を聴いて、内容と合っていれば○、合っていなければ×を書きなさい。

　　女：おめでとうございます。次のオリンピックの出場権、獲得ですね。
　　男：ありがとうございます。
　　女：オリンピックへの意気込みをどうぞ。
　　男：う～ん、そうですね。まだまだ課題が多いですね。
　　女：と言いますと……。
　　男：今日の試合でも、中国選手の気合いに負けてしまいそうになりました。
　　女：そうですね。見てるこちらまで焦ってしまいました。
　　男：本当に危ないところでした。精神面をもっと鍛えないとだめですね。オリンピックでは、ファンの皆さんにご心配をかけないようにします。
　　女：では、オリンピックまでの間、どういったトレーニングをされる予定ですか。
　　男：主に精神面を鍛えるようなトレーニングを積もうと思っていますが、それもコーチと相談しながらですね。
　　女：なるほど。それでは、ファンの皆さんに一言お願いします。

男：応援してくださってる皆さん、ありがとうございます。今回の試合では危ないところもありましたが、皆さんの応援もあり、何とかオリンピックの出場権を勝ち取ることができました。次は、いよいよオリンピックです。メダルを狙っていきたいと思いますので、皆さん、引き続き応援よろしくお願いします。
女：狙うメダルは……。
男：当然、金です！

2. 録音を聴いて、正しい答えを①-④から選びなさい。

(1) 質問：先生は何について説明していますか。
　先生：それでは、まず電源を入れて、コンピュータを立ち上げてください。
　生徒：はい、立ち上がりました。
　先生：はい、みなさん大丈夫ですね。デスクトップに青い鳥のアイコンのアプリがありますか。
　生徒：はい。あります。
　先生：じゃあ、そのアイコンをダブルクリックしてください。
　先生：うまくアプリが立ちあがったら、コンピュータを再起動してみましょう。
　　　　次回からは再起動するだけで、自動的にアプリが立ち上がりますよ。
　生徒：本当だ！おもしろい！
　質問：先生は何について説明していますか。
　①アプリの起動のさせ方
　②コンピュータの立ち上げ方
　③アイコンの使い方
　④クリックのやり方

(2) 質問：何について説明していますか。
　A：先生、よろしくお願いします。
　B：はい。具を作る前に、皮になる生地を作っておきます。まずは、小麦粉に水を加えて耳たぶくらいの柔らかさになるまで練ります。
　A：耳たぶですね。
　B：はい。練り終わったら、しばらく寝かせておきます。
　A：はい。

B：それから、具の下ごしらえをします。ボウルにひき肉、みじん切りにしたねぎとしょうがを入れてよく混ぜます。そうしたら、にらと白菜もみじん切りにして、ここに入れます。
A：はい。
B：これで具が出来ました。これを皮で包みましょう。
A：こんな感じですか。
B：はい。包み終わったら、これを熱湯で茹でます。
A：あ、浮いてきました。おいしそう。
質問：何について説明していますか。
①ギョウザの皮の作り方
②耳たぶの作り方
③ギョウザの作り方
④ギョウザの具の作り方

3. 次の問題の文を聴いて、それに対する正しい返答を、①～③の中から一つ選びなさい。
(1) A：じゃあ、ちょっと味をみてください。
    B：①はい。見せてください。
      ②はい、ごちそう様でした。
      ③はい。……わあー、おいしい！
(2) A：こ、これ、何？
    B：①こちらへどうぞ。
      ②これ？見ればわかるでしょう。目玉焼きよ。
      ③そうですね。これにしましょう。
(3) A：夏休みには沖縄に行ってきたの。
    B：①いいなあ、ぼく、行ったことないよ。
      ②頑張ってください。応援します。
      ③お待ちどうさま！
(4) A：うちの大学はこのところ負けっぱなしでね。今度の試合はお手柔らかにお願いしますよ。
    B：①そうですか。どうしたのかなあ……。
      ②お久しぶりです。
      ③こちらこそよろしくお願いします。

七、课文翻译

ユニット1 欢迎

（东西大学空手道队一行前往冲绳与那霸国际大学空手道队的成员一起集训。在那霸机场。）

王　　　：到了冲绳啦，真暖和！

迈　克：蓝色的大海、清爽的空气，真无法相信这里也是日本。

（那霸国际大学的顾问和部长走了过来。小川看到了他们。）

小　川：啊，比嘉老师，好久不见了。

比　嘉：呀，小川！欢迎大家！

小　川：今年也请多关照。听说你们那霸国际一年比一年厉害啊。

比　嘉：哪儿呀，你们才真强呢，听说刚进来的一年级新生都很厉害。我们学校最近老是输，这次比赛你们可要手下留情啊。

喜屋武：好，那我们先去附近的市场填饱肚子。在一层选好爱吃的东西，在二层他们给我们加工。到了市场大家先挑自己吃的东西吧。

大　家：好！

（在市场，各家店都热情地招呼客人。）

店　主：小兄弟，吃点什么？

大　山：嗯……想吃鱼，但不知……

店　主：那就每种都来点儿吧，这个，还有这个……哦，对了，还有海蛇。

大　山：啊？这，这个能吃吗？

店　主：当然能吃了！这是海蛇，做成汤很好吃的。

大　山：（直往后退。）海蛇？！还是算了吧。

店　主：那，这个呢？这是刺鲀，没扒皮的就是这样。（给大山看扒皮之前的刺鲀。）

大　山：啊！（脸煞白，离开了。）

（在二层餐厅）

店　员：几位从哪里来啊，进来尝尝吧，我们还教给大家炒苦瓜的做法，来我们这儿吧。

迈　克：哇，有炒苦瓜！

店　员：（店员边展示材料边解释。）好，材料有苦瓜、鸡蛋、木鱼花、冲绳豆腐、猪肉罐头和调料。

王　　　：「ゴーヤー」也叫"苦瓜"吧，在中国发音不一样，但汉字是相同的。

店　　员：哦。

王　　　：冲绳豆腐也很像中国的豆腐，这两样东西肯定是从中国传来的。

店　　员：哦，可能是吧。炒之前先把材料准备好。苦瓜竖着切成两半，去掉里面的籽，切成薄片。然后豆腐用手掰成大块，猪肉切成5毫米厚……

迈　　克：（拿起一点尝了尝。）嗯，很长时间没吃到这个味儿了。

店　　员：来，来……鸡蛋打到碗里搅拌均匀，好，准备好了！下面你们自己试试看吧。

迈　　克：好！

店　　员：先把平底锅加热倒入豆腐，好好炒一下。

迈　　克：好，先炒豆腐哈。

店　　员：豆腐过火后盛到盘子里，（把盘子递给麦克。）然后一直开着大火，放猪肉，接着炒。

迈　　克：炒完豆腐炒猪肉……（把猪肉放到锅里。）

店　　员：好，然后放苦瓜，炒熟了稍微撒点盐，调一下味。

迈　　克：（边放盐边说）不放糖吗？

店　　员：是的，日本菜什么都放糖，不放糖正是冲绳菜的特色。

王　　　：哦，和中国菜有点像，中国菜和日本菜结合在一起就成了冲绳菜了吧。

迈　　克：和美国菜也很像！

店　　员：最后放木鱼花和鸡蛋，搅一下，过下火就好了。

王　　　：哇，好香啊！咱们趁热吃吧。（王和迈克把炒苦瓜端给大家。）

王　　　：让各位久等了！咦？大山呢？

小　　川：刚才回来了，脸煞白，他说先回饭店了。

王　　　：啊？是吗？他怎么了……

ユニット2　模范"主夫"

　　那好像是我婚后第二年的事情，我曾经做过半年左右"全职主夫（Househusband）"。那个时候，虽然每天都过得普普通通，可现在回想起来，那半年好像是我人生中最美好的一页。

　　不过当时并不是我立志要当"全职主夫"，只是机缘巧合，老婆出去上班，我留在了家里。已经过去十二三年了，当时约翰·列侬成为"全职主夫"还没有成为公众话题。

　　"全职主夫"的日常和"全职主妇"的日常一样平和。首先，早上七点起床，做

饭，送老婆上班，然后整理家务。水槽里的餐具立刻洗净是做家务一条雷打不动的原则。随后大家通常是读报纸，看电视，或者打开收音机等等，但是我则不然。因为当时我家非物质文化产物匮乏（经济上十分拮据），买不起收音机和电视，甚至没钱订报纸，所以家里什么都没有。没有钱，生活就变得极其简单。虽然有"Simple Life"这个品牌的服装，但是提起"Simple Life"肯定是我更加了解。

早餐结束收拾完毕后我会洗衣服，当然由于没有洗衣机，只能在浴室里用脚踩着洗。这需要花费一些时间，但也是一项不错的运动。然后晾干。

洗完衣服后，我会去采买食物。虽然说是采买，但是因为没有冰箱（真是穷啊），所以不能买多余的。只买当天要用的，尽量不要剩下。所以晚餐只有萝卜味噌汤、炖萝卜和银鱼萝卜泥，这种情况出现的频率相当高。这种生活不是"简单生活"，又是什么呢？

购物的同时顺便会去"国分寺书店"卖书或者买便宜的二手书。然后回家简单地吃个午餐，熨烫衣服，大概打扫一下（因为不擅长打扫所以不会做得很仔细），下午就坐在廊檐下和猫玩耍或者看看书，悠闲地度过。因为闲得慌，这段时间里我通读了"讲坛社·少年少女世界名作全集"，《细雪》这本书就读了三遍。

天色渐暗时，就该准备晚餐了。淘米、焖饭、做味噌汤、煮菜、做好烤鱼的准备，等待老婆下班回家。她大约七点前回来，但有时候会因为加班晚回来一些。只是，由于家里没有电话，无法与她联系——这个没有必要解释了吧。因此，我会把鱼放在烤网上，"……"地默默等待老婆回家。

没有经历过的人对这个"……"可能有些难以理解，那是一种相当微妙的感觉。我一会儿想"今天她可能回来得晚，要不先吃吧？"，但一会儿又想"反正已经等了这么久，再等一下吧"，又觉得"好饿啊"。这样各种心情交织在一起，就变成了"……"这样的沉默。所以，如果她说"啊，对不起，我已经吃过了"，我会很生气。

说来或许有些奇妙，当然也许并不怎么奇妙，每当在餐桌上摆放自己做的菜时，我总是不由自主地把没有做好的，或者形状难看的那一块盛到自己的盘子里。比如鱼，我会把鱼头那部分放在对方的盘子里，我自己则拿尾巴这边。这样做并非为自己是个"全职主夫"感到自卑，而是厨师的本性，希望尽量让对方开心。反正我是这样解释的。

因此，我觉得社会上所说的"主妇式"的属性中大多数并不等同于"女性式"属性。也就是说，女性并非在年龄增长的过程中自然而然地形成"主妇式"属性，而只是从"家庭主妇"这个角色中产生了倾向和习性而已。因此，如果男性承担起全职主妇的角色，他必然会多多少少地具有"主妇式"气质。

从个人经验来看，我认为男性一生中应该至少有半年或一年的时间体验一下"全职主夫"的生活。并且，哪怕只是短时间，也应该培养起主妇的倾向，用主妇的眼光看待世界。这样就会了解目前社会上所通行的许多观念是建立在多么脆弱的基础之上。

　　如果可能的话，我还想再次尽情地过一过悠闲的"全职主夫"生活。无奈老婆不愿意出去工作，令我感到十分困扰。

村上春树《村上朝日堂之逆袭》新潮文库

第3課　クロスカルチャー

一、教学目标

1. 能够运用恰当的表达方式对上级或者长辈表达赞美，提出建议、邀请，表达推辞之意。
2. 能够正确把握议论文的主旨要义，从相关的专业资料中获取信息、观点和意见。

二、语言知识点、学习重点及拓展教学提示

1. 语言知识点及学习重点

ユニット1

语言知识点	学习重点
①V（よ）うにもVない＜无法实现＞ ②V₁ずにはV₂ない＜必要条件＞ ③N／Vるともなると／ともなれば＜特殊条件＞	①掌握用日语进行评价或夸奖的正确方式，了解在哪些场合可以进行评价。 ②掌握对上级、年长者提建议的表达方式。 ③运用「Vて（い）る」描写眼前或当下的状况。

ユニット2

语言知识点	学习重点
①～ほど～はない＜最高程度＞ ②Vもしない＜全面否定＞ ③何も～ない＜纠正＞ ④～といったN＜列举＞ ⑤のみ＜限定＞ ⑥V（よ）うと（は／も）しない＜否定意志＞ ⑦Vたいものだ＜希望＞ ⑧Vたところで＜转折＞	①掌握否定的表达方式。 ②掌握意志、愿望的表达方式。

2. 拓展教学提示

(1)结合课文1思考什么是跨文化？围绕"外语学习中的跨文化交际能力"这一主题，思考并讨论"我"在日语专业学习中如何提升这样的能力。

三、教学重点

（一）词汇教学重点

1. 喜屋武さんを負かす

日语的"自他成对"动词的特征在第一册和第二册专栏中已经有过介绍，它们在外形上通常具有比较明显的特征：自动词词尾通常为-aru，他动词则通常为-eru，例如「集まる—集める」「広がる—広げる」等；也有的是自动词词尾通常为-u，他动词则通常为-eru，例如「つく—つける」「開く—開ける」等。本课出现的「負ける—負かす」不同于之前自他动词，其他动词结构为-asu，意义通常带有"使动"含义，「負かす」意为"打败，击败，战胜对方"，也就是"让……输掉"。这是因为这一类词词尾的「す」在古代日语中是动词的使动态，然后在现代日语中变成了他动词。也就是说，这一类他动词"天生"内含使动义，非常有特点，可以让学生回顾之前的学习中是否还遇到过这样的动词。

自动词	内含使动义的他动词
動く	動かす
驚く	驚かす
鳴る	鳴らす
励む	励ます
紛る	紛らす

（二）语法教学重点

1. V（よ）うにもVない〈无法实现〉（→ 📖 条目1）

讲解该句式时，需要特别提醒学生注意动词的接续方式。此外，否定义的后项有时不是以同一动词能动态的「ない」形式出现，但是句式的意义不变。例如：

(1) やり方が分からず、誰かに**聞こうにもだれもいない**。

(2) 朝から体調が悪く、病院へ**行こうにも**時間が**とれない**。

(3) **勉強しようにも**なかなかスイッチが**入らない**人がいる。

2. N／Vるともなると／ともなれば〈特殊条件〉（→📖条目3）

该句式多前接表达身份、地位、年龄等的名词或表达特殊状况的动词，后句叙述与一般情况不同的结果，后句不使用希望、要求、意图等表达方式。经常与「やはり、さすがに、どうしても」等副词搭配使用。「ともなると／ともなれば」中的「も」表达的是强调、感叹的含义。

(1) さすが総理大臣が来る**ともなると**警戒のレベルが違いますね。

(2) 社会人**ともなれば**学生時代のように自由に使える時間は多くない。

(3) 恋人同士の頃はふたりの話だけれど、結婚する**ともなると**家同士の話になる。

(4) 大学生**ともなると**、｛×自立して一人暮らしをしたい　○自立して一人暮らしをする人が多くなる｝。

1. のみ＜限定＞（→📖条目5）

「のみ」与「だけ」意义相同，但前者一般用于书面语。

(1) ご予約のお客様｛○**のみ**　○**だけ**｝のご案内となります。

(2) そう思うのは あなた｛×**のみ**　○**だけ**｝みたいだね。

讲解该语法时，可顺便复习「のみならず」的句式。

(3) 王さんは日本語**のみならず**、韓国語もできる。

2. V（よ）うと（は／も）しない＜否定意志＞（→📖条目6）

在学习此句式之前，可先复习第二册学习过的「V（よ）うとする」的句式。

(1) 多くの人があの会社に**入ろうとしている**。

(2) **帰ろうとしたら**、課長に呼ばれた。

「V（よ）うとしない」是「V（よ）うとする」的否定形式，意为应该做某事，却根本不肯做、不愿做，带有说话人抱怨、指责的语气。「V（よ）うとはしない／V（よ）うともしない」是更加强调的说法。与「V（よ）うとはしない」相比，「V（よ）うともしない」带有"最容易做、最应该做……，却不做"的含义。

(3) うちの子、試験前なのに全然**勉強しようとしない**。

(4) この問題について、多くの人は深く**考えようとはしない**。

(5) やればできるのに**やろうともしない**。

(6) 相手のことを**理解しようともしない**で否定だけするのはよくないだろう。

(7) あの会社が根本的な問題を**解決しようともせず**責任転嫁ばかりしている。

3. Vないでおく

该句式表达为防止不好的事情的发生而保持现状，特意不做某事的含义。书面语中也用「～ずにおく」。相当于汉语的"先不……；暂时不……"。

该句式为「Vておく」前接动词否定形构成，未列入本课语法解说中，语义理解也不难，但学生往往不能正确使用。可通过讲解与练习使学生掌握。

(1) 自分と非常に異なる人種だと決め付けて、個人としての彼女を知ろうともしないで「あまり**関わらないでおきたい**」などと思ってしまう人が多いのではないだろうか。

(2) あまり**期待しないでおいた**ほうがショックが少ないよ。

(3) 留学のことはまだ確定したわけではないから家族には**言わないでおく**。

(4) きっと無理だろうから**やらないでおこう**と考え、何事にもチャレンジせずに終わっていた。

4. Vたいものだ＜希望＞（→📖条目7）

该句式表达说话人长时间以来一直持有的或者难以实现的愿望，不用于日常的一般性愿望。

(1) 疲れた！ビール飲みたい！（×飲みたいものだ）

不用于表达第三人称的愿望，但可以使用引用的形式。

(2)（私は）そういう人になりたいものだ。

(3) ×彼はそういう人になりたいものだ。
　　→彼はそういう人になりたいものだと言っている。

5. Vたところで＜转折＞（→📖条目8）

该句式表达"即使（做）……，反正也无用（白费力）"的含义，后句为说话人否定性的推测或判断，不用命令、建议、希望、意图等表达方式。经常与「今さら、たとえ、いくら、どんなに」等副词搭配使用。

(1) **急いだところで**、それほど時間は変わない。

(2) これ以上**待ったところで**来るはずもない。

(3) いくら**がんばったところで**あの人には追いつけない。

(4) たとえ**謝ったところで**、相手に許してもらえるとは思えない。

「Vたところで」还可以表达"……的时候；……的阶段"的意思，是与上面的句式不同的用法，需要注意。

(5) 準備が**できたところで**、いよいよゲーム開始です。

(6) 5分ほど**待ったところで**入店できた。
(7) 35歳に**なったところで**会社員生活に終止符を打ちました。

四、教材练习答案

A 内容確認

(1) マイクさんは、王さんが喜屋武さんを負かしたことに驚きました。
(2) 王さんは、その理由を「まぐれ」と説明しています。ただがむしゃらにぶつかっていっただけだと言っています。
(3) 「猿も木から落ちる」とは、どんなに上手な人でも時には失敗することがあるという意味です。
(4) 「無礼講」とは、通常の上下関係や礼儀を一時的に無視して、気軽に楽しく過ごすことを意味します。
(5) 「今日は無礼講だ／にしよう」と言えるのは、その場のリーダーや主催者、または最も年長者や上司など、集まりを取り仕切る立場の人だと思います。
(6) 沖縄の若い人たちは、普段は知念奈美、SPEEDY、DA STEP などのJ-POPを聴いています。
(7) 沖縄では特別な日は、みんなで三線の音楽に合わせて伝統舞踊を踊ります。
(8) 比嘉先生は、沖縄の文化は土着の文化に加えて、中国、ヤマト、アメリカの文化の影響を受けていると言っています。
(9) 王さんは、自分のふるさとにも秧歌という踊りがあるので、東北人の血が騒いで踊りがうまいのだと思っています。
(10) 小川さんは、大山さんがテーブルの下で寝てしまって風邪を引くのではないかと心配して、起こそうとしました。
(11) 王さんは、大山さんが酔っぱらって寝てしまい、喜屋武さんとマイクさんもまだ飲んだり踊ったりしているので、みんなが無事に帰れるかどうか心配だったのです。
(12) 王さんは、喜屋武さんにまた稽古をつけてもらうことを約束しました。
　　王さんと喜屋武さんは、お互いにお酒（喜屋武さんは泡盛、王さんは中国のパイチュウ）を持ってくることを約束しました。

B 文法練習

1.
   (1) V（よ）うにもVない
      ①読もうにも読めない
      ②忘れようにも忘れられない
      ③払おうにも払えない

2.
   (1) V_1ずにはV_2ない
      ①インフルエンザが、マスクをせずには外出できない
      ②デジタル社会で、スマホを使わずには
      ③一日が始まらない
   (2) N／Vるともなると／ともなれば
      ①11月ともなると、夜はかなり冷え込みます
      ②海外旅行ともなると、パスポートが必要だ
      ③自分の将来について真剣に考え始める

C 会話練習

☞ ポイント1

ここをおさえよう！

(1) 妻 ：お口に合うといいのですけど……。
    リン：わあ、おいしいですね。日本料理ですか。
    妻 ：ええ、京料理です。熱いうちにどうぞ。あなたも食べてみて。
    リン：奥様はお料理がお上手なんですね。

(2) 下線部の田中さんの言葉は、謙遜した気持ちを伝えています。

(3) 妻は自分の料理を勧める時、リンさんに対して「さあ、リンさん、どうぞ。」「熱いうちにどうぞ。」と丁寧に話しています。夫に対しては「お父さんも食べてみて」と敬語を使わずに、普通の言葉で話しています。

♣ **言ってみよう！**

回答例

(1) A：すごい！ 朝早く一人でテニスコートを掃除するなんて！
    B：ううん、そんなことない。早く来てしまったから、掃除しただけ。

(2) A：すごいじゃない！　アフレコ大会で優勝するなんて！
　　B：いえ、そんなことはないです。たくさんの素晴らしい参加者の中で自分は運がよかっただけで。
(3) A：すごいじゃないか！　スポーツ大会に参加した日本人に、日本語で通訳するなんて！
　　B：いえ、そんなことはないです。たまたま他に日本語の分かる人がいなかっただけなんです。

☞ ポイント2
ここをおさえよう！
(1) 私はちょっと……。
(2) 黄さんはカレーを食べに行きたいとは思っていません。
(3) 黄さんは最終的にカレーを食べに行きました。

☞ ポイント3
ここをおさえよう！
(1) 岡田さんの提案：
　　　課長の分も注文しておきましょうか。
　　　タクシーを呼びましょうか。

♣ 言ってみよう！
(1) この近くの居酒屋にしましょうか／この近くの居酒屋はどうですか。
(2) 12時にしましょうか／12時はどうですか。
(3) 本格的に経費節減を目指しましょうか。

☞ ポイント4
ここをおさえよう！
(1) 母親の発話「まだやってる」「いつまで見てるの」には子供の行動に対する苛立ちや不満が感じられる。
　　「しちゃいなさい」は「してしまいなさい」のくだけた言い方。

❖言ってみよう！
(1)選ぶ→選んでるの
(2)地図を眺める→地図を眺めてるの
(3)そんなに化粧ばかりする→そんなに化粧ばかりして（い）る

A　内容確認
(1)この考えが危険なのは、実際には「人はみな違う」からであり、「わかりあう」ためにはお互いに相当な努力が必要だからです。もし「同じだ」と思い込んでしまうと、自分のものの見方を相手にあてはめてしまい、相手の視点や背景を理解しようとすることができなくなります。
(2)「違ってあたり前」とは、人々はそれぞれ違う考え方や常識を持っているのが当然であるという意味です。
(3)「人間はみんな同じだ」という考えには、自分の視点を相手にあてはめ、相手の違いや背景を理解しようとしなくなる危険性があります。
(4)筆者が最も言いたいことは、「人はみな違う」という前提で、相手を理解しようとすることが大事であるということです。コミュニケーションにおいて、相手の違いを認識し、それを受け入れる努力をすることが必要であるということです。
(5)『「間違い探し？」の傾向』とは、異文化の相手と対峙した際に、目に見える差異ばかりを探そうとしたり、一度大きな差異を見つけるとそれがすべてであるかのように捉え、相手を自分とは異なるという点ばかりに意識が集中してしまうことです。
(6)『「間違い探し？」の傾向』には、相手の外見上の違いや異なる意見や価値観ばかりに着目してしまい、本当の相手がみえてこないばかりか、相手と自分との共通点にはまったく目がいかなくなります。
(7)筆者によると、異文化コミュニケーションにおいて「人はみんな同じ」という思い込みを排除しつつ、「間違い探し」は慎むことが重要です。相手の違いを認識しつつ、共通点を探し合うことが大切です。このバランスをうまくとることで、相手といい人間関係を構築することができます。
(8)筆者が最も言いたいことは、異文化コミュニケーションにおいて「人はみんな同じという思い込みを排除しつつ、「間違い探し」は慎むことが重要であると

いうことです。
(9) 筆者は、「意味は言葉にあり」という考えは間違っていると考えています。実際には、言葉そのものに意味があるのではなく、「意味は人にあり」、人間が言葉に意味を付加して使っていると述べています。
(10)「意味は人にあり」と言えるのは、言葉自体は恣意的な音や記号であり、人間がそれぞれ異なるニュアンスやイメージを付加して使っているからです。同じ言葉でも意味やニュアンスが異なるため、言葉の意味は人に依存していると言えます。

B　文法練習

1.
　(1) ～ほど～はない
　　　①今年ほど寒い冬はない
　　　②李さんほど優秀な学生はいない
　　　③君が成功したこと
　(2) Vもしない
　　　①作品を読みもしないで評価する
　　　②働きもしないで、他人の仕事に文句ばかり
　　　③君がそんなに成功する
　(3) 何も～ない
　　　①何も、そんなに落ち込むことはない
　　　②何も今日でなくてもいいのに
　　　③心配する
　(4) ～といったN
　　　①テレビや冷蔵庫といった電気製品を扱っている
　　　②能や歌舞伎といった日本の伝統芸能に興味がある
　　　③入会金や手数料といった費用
　(5) のみ
　　　①購入後2日のみ有効である
　　　②ドリアンは熱帯地方でのみ育ちます
　　　③落ち着く
　(6) V（よ）うと（は／も）しない
　　　①私の気持ちなど理解しようともしない

②母はその話を疑おうともしなかった
③努力しよう
(7) Vたいものだ
①仕事は楽しくやりたいものです
②美しい自然をいつまでも大切に残したいものである
③新しいことに挑戦したいものだ
(8) Vたところで
①今から出た、終電には間に合い
②どんなに謝った、許してもらえないだろう
③次のチャンスがある。

五、学习手册答案

会話文のまとめ

　　東西大学と那覇国際大学との空手部交流試合が終わり、居酒屋で打ち上げをしている。

　　初参加の王さんが喜屋武部長に勝ったことなどを話題に、沖縄の地酒や音楽で盛り上がっている。那覇国際大学の部員たちが三線に合わせて踊り出すと、東西大学の部員たちも一緒に踊り始め、沖縄の音楽や文化を体験する。翌日、見送りに来てくれた比嘉先生や喜屋武部長に次回の東京での交流試合を約束し、お別れした。

読解文のまとめ

　　人はそれぞれ違うのだから、「人みな同じ」と思い込むのは危険である。これは国や言語が異なる異文化間だけではなく、周囲の身近な人とのコミュニケーションにも当てはまる。相手の言動が自分と違うことを責めるのではなく、違いを冷静に捉えるべきである。

　　表面的で見つけやすい「間違い探し」も、共通点に目がいかなくなるから危険である。異文化間での人間関係を構築するには共通点と相違点のバランスが肝要となる。

　　意味は言葉そのものにあるのではなく、人によって連想する意味が異なると考えるべきである。母語が違えばいっそう大きく異なってくる。「はっきり言ったから伝わったはず」と簡単に判断するべきではない。

第3課　クロスカルチャー

テスト
I．文字・語彙・文法

1. (1) いざかや　(2) おちい　(3) むしんけい　(4) かんよう
   (5) くちびる　(6) ちかみち　(7) しなんのわざ　(8) どちゃく
   (9) はなれわざ　(10) つつし　(11) ほどこ　(12) しゅつだい
   (13) ぎゃくせつてき　(14) もじば　(15) あらた

2. (1) 包帯　(2) 無礼講　(3) 覚悟　(4) 遭遇　(5) 稽古
   (6) 日常茶飯事　(7) 宴会　(8) 構築　(9) 非常識　(10) 愛着
   (11) 奪　(12) 実践　(13) 土台　(14) 度合　(15) 塗

3. (1) c　(2) a　(3) a　(4) b　(5) c　(6) d　(7) c　(8) d　(9) b　(10) c

4. (1) b　(2) d　(3) a　(4) c　(5) d　(6) b　(7) a

5. (1) 腐っても鯛　B　　　　　(2) 猫に小判　C
   (3) 猿も木から落ちる　A　　(4) 花より団子　D
   (5) 目を奪われ　B　　　　　(6) 目に付く　A
   (7) 目が行って　C　　　　　(8) 目に見える　D
   (9) がたがた　C　　　　　　(10) ばらばら　B
   (11) くたくた　D　　　　　 (12) ぺこぺこ　A

6. (1) d　(2) c　(3) a　(4) d　(5) c　(6) d　(7) c　(8) b　(9) a　(10) a

7. (1) c　(2) c　(3) d　(4) a　(5) b　(6) b　(7) b　(8) a　(9) a　(10) c

II．聴解

1. (1) a× b○ c○ d○　(2) a× b○ c○ d×
   (3) a× b○ c× d○　(4) a× b○ c○ d×
   (5) a× b× c○ d×

2. (1) ①　(2) ①　(3) ②　(4) ②

Ⅲ. 読解
省略

六、学习手册听力录音稿
<u>実力を試そう</u>

録音を聴いて、タスクをしましょう。

異文化コミュニケーションをテーマに1分間スピーチをしてください。
5分間準備した後、スピーチを始めてください。

聴解スクリプト
1. 録音を聴いて、内容と合っていれば○、合っていなければ×を（　　）に書きなさい。
(1) 男：今日は酔いつぶれるまで飲むぞ～。
　　女：はい、部長。
　　男：うん、それでこそ我らがマネージャーだ。部員達に負けないようにな。
　　女：テニスなら負けてしまいますが、お酒なら私も負けてはいられません。
　　男：よく言った。よーし、勝負だ。
(2) 男1：今度の沖縄合宿、マネージャーから何が必要か部員達に連絡してくれ。
　　女：はい。
　　女：みんな、来週末からの合宿に何を持ってけばいいか、わかってる？
　　男2：今度は沖縄だから水着？
　　女：そうね。練習が終わったら海で泳ぐかもしれないから、水着とかタオルも用意しておいてね。
　　男2：マネージャー、他には？
　　女：合宿中は向こうの大学生と交流試合をする予定だから、それぞれ何か東京のお土産も用意しておいてね。
　　男2：う～ん。何がいいかな。
(3) 女：前回行われた練習試合の結果報告をします。
　　　　場所は沖縄で、対戦相手は沖縄国際大学。部長が3勝1敗で、副部長が4勝1敗。チームで唯一の負け無しは期待のあの新入部員です。

(4) 男：来週の予告をします。
　　来週の集まりでは、今度の文化祭のテーマを決めたいと思います。皆さんそれぞれテーマを考えてきてください。念のために言っておきますが、昨年のテーマは「友情」、一昨年は「みんなで力を合わせて」でした。重なってしまわないように、皆さんよく考えてきてください。来週も今週と同じく水曜日に935教室で、15時から集会を始めます。皆さん遅れないように。それでは、また来週。

(5) 女：無人島に三つの物を持っていけるとしたら、何を持ってくの？
　　男：う～ん。やっぱりスマホなしには生きていけないから、スマホ。
　　女：なんで。
　　男：なんでって、寂しいじゃないか。
　　女：よく考えてよ。無人島よ。電気が通っていると思う？
　　男：あ、そうか。じゃ、電気を使うのは全部だめか。
　　女：そうよ。さあさあ、もう一度考え直してみて。
　　男：ギターは欠かせないな。音楽なしでは生きていけないよ。
　　女：あのねぇ、無人島なのよ。ギターは電気使わないからいいとしても、もっと生きていくのに必要なものを考え付かないものかしらね。
　　男：じゃ、君だったら何を持っていくんだい。
　　女：う～ん、そうね。私だったら、とりあえずマッチが必要でしょ。残りは、ナイフにテントかしら。
　　男：なんでマッチが必要なんだ。
　　女：なんでって、もちろん火を使うからでしょ。ご飯を作ったり、体を温めたりしないといけないじゃない。
　　男：じゃあ、ナイフは食材を切るためってわけ？
　　女：そうよ。そしてテントは住むためってこと。
　　男：なるほど。衣食住ってことか。
　　女：そうそう。衣食住は人間の基本だからね。誰かさんと違って、真面目に生きることを考えてるんです。
　　男：でも、「食」はマッチとナイフで、「住」はテントで何とかなるとしても、「衣」はどうするのさ？服は？
　　女：あっ、そうだったわね。すっかり忘れてたわ。
　　男：毎日同じ服を着るのかい。

女：ほら、無人島っていうぐらいだから、周りは海に囲まれてるじゃない。毎日洗濯ができるわ。

男：でもやっぱり洗っている間の替えが必要じゃないかな。

女：う～ん、そうね。じゃあナイフをやめて着替えを持って行くことにするわ。それで、何を持っていくか、決まったの？

男：やっぱり、変更なし。ギターさえあればいいや。あとはそうだな。君が持っていけないなら僕がナイフを持って行くよ。あと一つ……。う～ん、カメラかな。色いろんな景色を撮りたいからね。

女：無人島に行くってのに、相変わらずのんびりしてんのね。

2. 次の問題の文を聴いて、それに対する正しい返答を、①～③の中から一つ選びなさい。

(1) A：張さん、すごいね。一発で資格試験に合格するなんて。
　　B：①いえいえ、あれはまぐれです。
　　　　②猿も木から落ちるからね。
　　　　③一発はあっという間でした。

(2) A：さあさあ、今日は思いっきり無礼講でいこう。
　　B：①はい。ありがとうございます。
　　　　②はい。ごちそうさまでした。
　　　　③はい。十分いただきました。

(3) A：さあさあ、みんなで一緒に踊りましょう。
　　B：①よくがんばったね！
　　　　②ええ！！　俺はいいです。
　　　　③かなりいける口だね。

(4) A：いやー、ぼく、踊れないよ。
　　B：①大したもんだよ。
　　　　②いいから、いいから。ほら、踊ろう！
　　　　③今度は手加減しないから、覚悟してくださいよ。

七、课文翻译

ユニット1 庆功宴

（和那霸国际大学的友好赛结束了，在酒馆举行的庆功宴已经开始。）

王　　　：一星期真是一眨眼就过去了。

迈　克：是啊。我们已经累得摇摇晃晃的，路都走不了了。不过，王宇翔你真行，居然打败了那个喜屋武。

王　　　：没有没有，那是侥幸，就想着试试看，只是随便那么一撞……

比　嘉：对喜屋武来说，可是"马失前蹄"啊。

迈　克：喜屋武，你的胳膊没事吧。

喜屋武：（胳膊上缠着绷带。）没事，没事！这点儿伤，不过是家常便饭。王宇翔，下次我可不会输给你了！

比　嘉：（边笑边说）是啊，王宇翔，第一次参加就这么卖劲！来，好，这个，干了它！（倒烧酒。）

王　　　：哟，什么啊？这个。

比　嘉：这是烧酒，到冲绳来不喝这个不能回去。来，来，最后一天了，大家不用拘礼痛痛快快地喝吧！

王　　　：是吗，那就……（一口喝干。）

比　嘉：喔，王宇翔，很能喝嘛。

迈　克：那是啊，他可是在中国最冷的地方长大的。（用左臂挽住比嘉的双肩。）

王　　　：（有些慌张）迈克，这是老师，这么做不太……

比　嘉：没关系的，今天不拘礼了。

王　　　：是吗，那，比嘉老师，您也来一杯吧。

比　嘉：哦，好，好……（让王倒酒。）

（大家都有些醉了。空手道队的一名成员弹起了三弦，其他成员开始跳起冲绳的传统舞蹈。）

王　　　：哦，这就是冲绳的民乐吧。啊，那个乐器有点像中国的二胡。

比　嘉：那个叫三弦。大家跳的就是冲绳的传统舞蹈。（对着王、迈克、大山）来，来，大家一起跳吧。

大　山：啊！！我就不跳了……

喜屋武：没事，没事！快，来吧来吧！（王和迈克拉着大山的胳膊。）

（大家和着三弦跳舞。）

迈　克：啊，太难了！说起冲绳音乐，我想到的是"知念奈美""SPEEDY""DA

STEP"之类的"J-POP"。

比　嘉：在东京可能是这样，但那些都是近些年的东西。说起冲绳文化，它是当地的本土文化融入了中国文化、日本文化和美国文化发展而来的。所以那些平时穿着牛仔裤、听着"J-POP"的年轻人一旦到了宴会上，身体里流着的冲绳的血液就会沸腾起来，所以大家要一起跳这个舞。

迈　克：哦，看来冲绳还是多元文化呢。

比　嘉：哟，王宇翔，你还挺会跳的，不错嘛。

王　　：是吗。我们老家有一种舞叫"秧歌"，可能这是由于我有东北人的血统吧？

比　嘉：啊，跳得不错，跳得不错！

（几小时后。）

王　　：哟，大山好像醉得挺厉害的。

小　川：真够可以的，睡到桌子底下去了。大山，喂，快起来！在这儿睡会感冒的！

大　山：嗯……不能再喝了……（一起身头撞到了桌子上。）

小　川：这可不行啊，哎呀呀，看来大山还是不能喝。

王　　：啊，他又躺下了，让他再睡一会儿吧，反正喜屋武还喝着呢，迈克也还跳着呢。他能回得去吗……

（第二天，在机场。）

小　川：比嘉老师，多谢了！下次我在东京等着您。

比　嘉：下次该让我们赢了。好，再见，多保重。

王　　：喜屋武，谢谢关照。有机会我们再切磋。

喜屋武：下次我一定不手软了，你可准备好了哟。对了，我还要把好喝的烧酒带过去。

王　　：我也准备好中国的白酒等着你。

喜屋武：一定啊。好，大家路上小心，再见！

ユニット2 跨文化交际

"人皆相同"的误区

"无论人们走到哪里，毕竟都是人类，大家本质上是相同的，因此能够相互理解"这种想法是极其危险的。这是因为，实际上"每个人都有所不同"，并且要实现"相互理解"，需要双方付出相当大的努力。如果我们持有"不同是自然的"这一观念，即使遇到不同的思维方式、常理或处理事情的方法，我们也能够相对冷静地接受"哦，原来是不同的"，进而考虑自己应该怎么做，或向对方说明自己的想法或做事

方式的差异。

然而，一旦我们以"人们都是相同的"这一前提来看待对方，就会把自己的想法强加于对方，而且认识不到这是不对的。这意味着，我们可能会完全从自己的角度出发来评价对方，如"他太自私""没有常识"或"真是个怪人"，而不去考虑是否有必要尝试理解对方的立场或对方是如何看待自己的。这种情况并非仅出现于国家不同或语言不同等存在文化差异的交流，同样适用于与父母、子女、夫妻等家人的交流或与朋友、恋人、同事等亲近的人之间的交流。如果你发现自己在责怪对方的行为或言论时，例如会想"为什么这么不理解我呢""怎么这么不考虑我的感受呢"，不妨先停下来，冷静地思考一下，自己是否陷入了"人皆相同"的思维误区之中。

"找错误"的倾向

仅次于"人皆相同"这一误区之后的另一个危险是，当面对不同文化背景的人时，像玩"找错误游戏"一样只寻找显而易见的差异，或者一旦发现了一个重大的差异，就把所有的注意力都集中在对方与自己的不同之处，仿佛这个差异就代表了一切。例如，假设隔壁搬来一个女的，她是那种所谓的"Ganguro"打扮，即脸部涂得漆黑，眼睛上方和嘴唇涂成白色。这种情况下，许多人可能仅凭她独特的打扮就认为这就是她的全部，进而认定她是和自己非常不同的人，也不尝试了解她作为一个个体的多样性，甚至想要"尽量避免接触"。

实际上，这种情况也出现于与不同文化背景的人进行交流的过程中。如果我们只关注外在的差异，或者只关注对方意见和价值观的不同之处，那么我们非但不能了解真正的对方，甚至完全忽视了对方与自己的相同之处。于是，就会认为"因为是不同文化背景的人，所以无法理解"，而不去努力了解对方。虽然这与前面提到的"人皆相同"的误区正好相反，但事实上，人与人之间通常有更多的共同点，并且当人们作为个体相互交流时，寻找共同点就变得尤为重要。跨文化交际之所以困难，是因为在摒弃"人皆相同"偏见的同时，需要尽量避免"寻找差异"的行为，可以说这是一项高难度的技巧。有学者将这种在跨文化交际中寻求平衡并建立人际关系的过程比作冲浪，称之为"跨文化交际冲浪"。在这种"冲浪"中，没有捷径可走，希望大家能够通过不断实践，在失败中学习成长。

意在言中？

人们或许会认为"语言的意义与语言本身是如影随形的，用语言与对方进行交流，意义就能如实传达"，其实这种观念是不正确的。实际上，意义在于语言使用者，而非语言本身。语言不过是任意地为声音或符号赋予意义，加之在实际使用中人们随意地附加各种意思，就使其变得更为复杂。比如，我们以"母亲"这个词为例，很多人听到这个词就会想到自己的母亲，因此"母亲"这个词所附带的语感或形象就

会因人而异。

　　即便是同一种语言尚且会产生这种语感或形象上的细微差异，如果人们的母语不同，就会变得更加复杂。例如，就算把「よい生徒」「よい教師」「よい妻」翻译成英语的good student, good teacher, good wife，尝试通过这些词如实传达特定文化背景下的形象或人们所期待的角色行为也是极具挑战性的。因为，"好"的定义会随地域不同而发生变化，"学生""教师""妻子"的社会角色也会因文化背景不同而产生差异。这样看来，我们就不能轻易地断言"明确表达就能如实传达"了，大家可能意识到这一点了，因为或许所谓"明确"的程度和对此的理解本身就是不同的。

　　　　　　　　　久米昭元、长谷川典子《案例学习 跨文化交际》有斐阁

第4課　読書

一、教学目标

1. 能够在叙述故事概要时，恰当地运用指示词和连体修饰语，并做完整的概述。
2. 能够通过阅读书评，理解书籍的内容。

二、语言知识点、学习重点及拓展教学提示

1. 语言知识点及学习重点

ユニット1

语言知识点	学习重点
① 加强整体性的表达方式(1)：指示词 ② 加强整体性的表达方式(2)：连体修饰	① 运用「コ」系列、「ソ」系列指示词完成上下文指示。 ② 运用连体修饰使篇章更加紧凑。

ユニット2

语言知识点	学习重点
① 必ずしも～ない＜未必＞ ② Nめく＜特征＞ ③ Nじみる＜性质＞	① 掌握对事物性质、特征的表达方式。 ② 掌握可能性的表达方式。

2. 拓展教学提示

(1) 结合课文1，以"大学生的读书"为主题，展开讨论，在组内（或全班）介绍你近期的阅读情况以及读书心得（或写一个书评）。

三、教学重点

（一）词汇教学重点

1. 1人のおじいさんをつかまえて話を聞く

　　日语跟汉语一样，经常会有一些非常形象的表达，这些表达并不是固定搭配，但能够形象地表现出一些动作、意义等。本单元的「～をつかまえる」便是其中之一。「つかまえる（捕まえる）」本义为"抓住，捕捉"，「1人のおじいさんをつかまえて話を聞く」则表示"叫住一位老爷爷问话"。这些形象的表达需要在平时的学习过程中积累并模仿使用。例如：

　　(1) タクシーを拾う／打车
　　(2) 店の商品をチェックする／逛店
　　(3) 他界へ行く／去世

（二）语法教学重点

1. Nにして（→📖条目1）

　　a.「Nにして」用于强调在特定时间或条件下发生的事情，往往包含了说话人惊叹、感慨的主观心情。

　　(1) 三十にして立つ。
　　(2) その薬を飲んですぐ寝たら、一夜にして風邪が治りました。

　　b. 除本课出现的用法之外，「Nにして」还可用于表示兼具多重身份或性质。教学中可以视情况归纳补充。

　　(3) 彼は作家にして政治家でもある。
　　(4) 牡丹は高貴にして華麗な花である。

1. 必ずしも～ない＜未必＞（→📖条目1）

　　a. 首先需要提醒学生注意词形，与以前学过的副词「必ず」区分开，且「必ずしも」总是与否定的形式呼应使用。该句式常用于讨论或辩论中，用来保留意见或表达不绝对的观点。例如：

　　(1) お金持ちは**必ずしも**幸せとは**限らない**。

(2)彼の説明は**必ずしも**納得できるものとは**言えない**。
　b. 该句式有时也会与「からといって」一起使用，以强调某个情况的非普遍性。
　　(3)成績がいい**からといって**、**必ずしも**賢いわけではない。
　　(4)留学した**からといって必ずしも**外国語が上手なわけではない。

2. 表示具有特征、性质的说法（→ 📖 条目2，3）

　　本课学习的「Nめく」「Nじみる」均可表示具有某种性质、特征的意思，类似的表达还有「Nっぽい」「Nらしい」等。各种形式在接续和语义色彩上有所区别，教学中可以适当归纳总结。
　　a.「Nじみる」「Nっぽい」通常用于表示负面的特征或性质，例如「子供じみる」「子供っぽい」都是指"不成熟的、孩子气的"，二者的区别在于「子供っぽい」是口语化的表达，语气更加轻松随意。
　　b.「めく」前接的名词比较有限，可以是正面的，也可以是负面的。除了课本上的词例以外，还可以补充以下例子：
　　(1)この本は**皮肉めいた**冗談がたくさんあって面白い。
　　(2)先輩から**説教めいた**ことを言われた。
　　(3)この部屋はクーラーがないから、夏は暑くて**地獄めいている**。
　　c.「～らしい」通常用于正面积极的描述，表示具有某种特质、风范。例如「子供らしい」通常反应的是孩子的天真单纯等特征，教学中不妨举出「子供じみる」「子供っぽい」和「子供らしい」的例子，加以区别辨析。

3. "读后感"类文章的语言特征

　　a. 读后感是一种感想类的文章，主要内容包括引述原作中的内容或观点、对材料发表议论并表明态度、谈论感想等，文章结构大多由介绍、感受和总结等部分构成。
　　b. 读后感使用第一人称叙述，通常带有明显的主观感受和评价，文中时常会用到「～と思う」「～と考える」等表达自己观点立场的句式，也会频繁出现「感動する」「思い出す」「共感する」「驚く」「感銘を受ける」「面白い」「つまらない」等表示心理活动或评价的动词或形容词。例如：
　　(1)この小説を読んで、深く感銘を受けました。
　　(2)主人公の強さには本当に驚かされました。
　　(3)最初は退屈だと思っていましたが、読み進めるうちにどんどん面白くなり
　　　 ました。

四、教材练习答案

A　内容確認

(1) 中学生から王さんへの最初の質問は、王さんのお名前はどういう字を書くのかという質問でした。

(2) クラスメートに言ったのです。「ね」は聞き手から内容確認を求めるために使われるので、中学生の鈴木さんは難しいと思ったことについて、クラスメイトに確認してもらいたいと思っています。

(3) 王さんは若者のポップカルチャーがどのように作られるのかを知りたくて、日本に留学したいと思ったのです。

(4) はい、王さんは日本の若者たちの歌に詳しいです。それは、彼がユミ、ピース、ハロー・ガールズなどの具体的な歌手やグループの名前を挙げたことから分かります。

(5) 王さんにとって特に心に残った日本の小説は、夏目漱石の「吾輩は猫である」、芥川龍之介の「蜜柑」、川端康成の「伊豆の踊り子」です。

(6) 中学生の森山さんは、初めは子ども時代の話で楽しかったが、全体的には難しいと感想を持っています。

(7) 4班の生徒たちは、ブック・トークで「走れメロス」を紹介していたので、王さんにその説明をしました。

(8) 「走れメロス」の王は「人を信じることができない」と言って、自分の子どもや妹、皇后、家来など大勢の人を次々に殺しています。

(9) 王が改心したきっかけは、メロスとセリヌンティウスの友情を尊ぶ姿を見て、信じることの尊さを知ったのです。

B　文法練習

1.
 (1) Nにして
  1. これはジャッキー・チェンにして、演じられたアクション映画である。
  2. 伝説の監督にして、ホラー映画の第一人者である。
  3. 李健にして、歌の才能も持つ。
  4. 感性豊かな李さんにして、詩を書くのが上手だ。

C 会話練習
☞ ポイント1
ここをおさえよう！
(1)①「東アジア大学構想」を指している。今、まさに問題としているものごとを指す。
　④「実現しなかったこと」を指しています。①④は基本的に同じ「コ」の用法です。
　⑤「東アジア大学構想」を指しています。今話しているテーマを強調的に提示している。
(2)②「アジアの相互理解が十分であるかという問題」を指しています。清水さん（聞き手）の話した情報に言及している。
　③「アジアの相互理解」」を指しています。清水さん（聞き手）の話した情報に言及している。

♣正しいのはどれ？
①この／その　　②この　　③この　④この

☞ ポイント2
ここをおさえよう！
(1)本文：妹の結婚式の準備でシラクスの町に来たメロスは、町があまりにもさびしいので、不審に思い、1人のおじいさんをつかまえて話を聞きました。
　E　：メロスは妹の結婚式の準備でシラクスの町に来ました。町があまりにもさびしいので、メロスは不審に思いました。
　　　本文は「～メロスは～、～、～」という構成で、主語が連体修飾文になっており、一つの文になっている。
　　　Eの発話は二つの文に分けられ、普通の単文、重文となっている。
　本文：日没寸前に城に駆け込んだメロスは、セリヌンティウスと抱き合い、友情を確かめ合います。この2人の友情を尊ぶ姿を見て、王は信じることの尊さを知り、改心した、という話です。
　F　：メロスは日没寸前に城に駆け込んで、セリヌンティウスと抱き合い、友情を確かめ合います。2人は友情を尊びます。王はこれを見て、信じることは尊いと知り、改心しました。

本文は「～メロスは～」「～王は～」と連体修飾を取っている。
　　F：「メロスは～」「王は～」単文が並べられている。
(2)本文のほうが連体修飾によって焦点をメロスに当て、文章の構造を明確にし、読者の関心を引くことができます。

A　内容確認
1.科学者になるには、頭がよくなければならない。
　科学者は頭が悪くなくてはいけない。
2.①（Y）　　②（X）　　③（Y）　　④（X）
　⑤（X）　　⑥（X）　　⑦（Y）
3.この文の意味は、頭の悪い人が初めから駄目と決まっているような試みをしている間に、結果的に何か有益な発見を得ることが多いということです。
4.「自然は扉を開く」とは、自然の不思議に感動し、自然に教えを乞う謙虚さを持ち、執拗な努力をする者に対して、自然がその真理を示すということです。
5.「私は自分の『こころ』に信頼をおけない」とは、自分自身の内面や感情が不安定であるということを示しています。
6.「先生のように、いつ友を裏切るか」の「先生」は、「こころ」の登場人物である「先生」を指しています。
7.筆者が戦いていたのは、自分が「先生」のように友を裏切ることになるかもしれないという不安です。
8.筆者は、現代の和歌がやたらに湿っぽく、年寄りじみていると感じたため、好きになれなかったのです。
9.「ミーハーなこと」とは、筆者が俵万智さんの「サラダ記念日」に感動して、著者にサラダサーバーをプレゼントしたことを指しています。
10.「この本だけは独占したかった」から、筆者が「サラダ記念日」に特別な感情や共感を抱いており、自分だけの特別な本にしたいという気持ちが読み取れます。
11.恐れていたこととは、「サラダ記念日」が超ベストセラーになり、広く知られてしまうことです。

B 文法練習

1.
 (1)回転が速く、理解力、記憶力、推理力の優れた者が、頭がよい
 (2)日本の詩歌について曖昧な表現が多様な解釈を連想させたりする独特のものであると、そしてそれが美意識につながる
 (3)今年ほど紅葉が美しく見えたことはない

2.
 (1)必ずしも〜ない
  ①必ずしも教養があるとはいえない
  ②必ずしも丁寧になるとは限らない
  ③品質が良いとは限らない
 (2)Nめく
  ①すっかり春めいた天気
  ②過去が謎めいた気になる
  ③謎めいた
 (3)Nじみる
  ①ああいう子どもじみた考えには呆れてしまう
  ②芝居じみた印象を強烈に覚えた
  ③大人じみた

五、学习手册答案

会話文のまとめ

王さんは日本の中学校を訪問し、国語の授業を参観した。授業後の話し合いにも参加し、生徒たちから質問を受ける。名前の漢字や留学理由、好きな歌手といった質問に答えた後、生徒たちが授業で魯迅の『故郷』を読んだことから、その感想や心に残った日本の小説の話題に移っていく。授業で4班の生徒が紹介した『走れメロス』をもう1度説明してもらい、楽しい時間が過ぎていく。

読解文のまとめ

朝日新聞学芸部編の『わたしの「心の書」』から3冊が愛読書として紹介されている。
1冊目は寺田寅彦の『科学者とあたま』という随筆で、「科学者は頭が悪くな

てはいけない」という寺田の主張について筆者が話を進めていく。頭が良い人は理解力や推理力に優れているから、研究という効率の悪い仕事には関わろうとしないだろうと予想している。科学者にはダメそうな試みへの努力と、自然への感動と謙虚さを忘れない心が必要だから、今の入学試験は不適切だと考えている。

　2冊目は夏目漱石の『こころ』という小説で、筆者の心の成長に深く影響を与えたことが書かれている。『こころ』の主要な登場人物に感情移入することで、誠実さや友情への不信も学んでいる。

　3冊目は俵万智の『サラダ記念日』という短歌の歌集で、筆者が検査入院時に読んだものである。俳人だった父の影響で、楽しく俳句を作ったり、古代の和歌にも親しんでいたが、近現代の短歌が好きになれず、遠ざかっていたという過去を思い出している。その固い考えも副作用もこの歌集のおかげですっかり和らぎ、独占したいほど好きになっている。

Ⅰ. 文字・語彙・文法

1. (1)こうごう　　(2)とびら　　(3)しょもつ　　(4)いとぐち　　(5)とうと
   (6)どくせん　　(7)まぢか　　(8)ましょうめん　　(9)つらぬ　　(10)おと

2. (1)参観　　(2)効率　　(3)寸前　　(4)推理　　(5)随筆
   (6)謙虚　　(7)誠実　　(8)試　　(9)襲　　(10)裏切

3. (1) a　　(2) b　　(3) d　　(4) d　　(5) a
   (6) c　　(7) d　　(8) b　　(9) a　　(10) c

4. (1) c　　(2) b　　(3) b　　(4) d　　(5) c
   (6) d　　(7) a　　(8) c　　(9) a　　(10) b

5. (1) d　　(2) a　　(3) c　　(4) b

6. (1)あげた　　(2)合って　　(3)込んだ　　(4)果てた　　(5)続けて
   (6)入れる　　(7)っぽい／じみた

7. (1) b　　(2) a　　(3) e　　(4) d　　(5) c

第4課　読書

8. (1) c　　(2) a　　(3) b　　(4) a　　(5) b　　(6) a

Ⅱ. 聴解

1. (1) d　　(2) d　　(3) a　　(4) b

Ⅲ. 読解

①○　　②○　　③○　　④×　　⑤×

六、学习手册听力录音稿

実力を試そう

　　最近、キーワードなどを入力すると、瞬時に無数の短歌を生成する「短歌AI」が開発されましたが、私はAIに名歌を作ってもらう必要はないと思っています。短歌の種は、その人の心の揺れだからです。一方で、実際に使ってみると「短歌AI」は創作の手助けの一つになると思いました。AIが作った歌を眺めていると、これいいなとか、これはちょっとダメだなとか、こういう飛躍の仕方もあるかとか、自分の心のモヤッとした部分に、だんだん輪郭を与えられるような感じがありました。上の句を入れたら一瞬で100首くらい出してくるので嫌になってしまいますが（笑）、開発した方に聞いたら、一瞬で100首くらい作ることができるけど、AIにはどれが良いとか良くないとかっていう判断はまだできないんですって。それを聞いてちょっと安心しました（笑）。

　　ここ10年ぐらい、若い人が短歌の世界に増えてきたと肌で感じています。若い人たちは、SNSで短い言葉を用いて発信することに慣れているので、彼らが短歌と出会ったときにハードルの高さをそれほど感じないのかなと思います。

スクリプト

1. 録音を聴いて、正しい答えをa～dから一つ選びなさい。

（1）質問：落とし物はどれですか。

　　　女　：落とし物のお知らせです。サービスカウンターに財布が届いております。パンダの模様が数箇所ある四角いお財布です。お心当たりの方は1階のサービスカウンターまでお越しください。

　　　質問：落とし物はどれですか。

（2）質問：どの値段が正しいですか。

　　　男　：いらっしゃい！お客さん、安いよ安いよ。見てってね。今日は月に一

度の大安売り。白菜100円。人参5本100円。大根2本100円。ジャガイモ3つ100円。何でも100円の100円市。見てってね。

質問：どの値段が正しいですか。

(3) 質問：どれを出してもらいますか。

男　：手紙を書いたんだけど、出しといてくれない。

女　：いいよ。でも、どの手紙なの？机の上にはいっぱい置いてあるんだけど……。

男　：え～と、封筒のじゃなくて、絵葉書。宛先が確か日本の東京だっけ？あっ、違った。あれは田中さんへのだったから……京都の中田さん宛のを探してくれないかな。

女　：うん、分かったよ。

質問：どれを出してもらいますか。

(4) 質問：新しくできた店はどれですか。

男　：新しくできたお店、すごく雰囲気がいいらしいよ。

女　：えっ、どんな感じなの？

男　：窓という窓が全て丸くて、ドアも丸くて、机やいすなんかも全て丸いらしいよ。

女　：へえー。窓って、だいたい四角だけどね。ドアも……。

男　：だろ。ただ一つだけ丸じゃないものがあるんだって。

女　：なに？なに？

男　：本がいっぱい置いてあるらしいんだけど、その本はやっぱり四角なんだって。

女　：おもしろそうねぇ。今度の週末に行ってみようよ。

質問：新しくできた店はどれですか。

七、课文翻译

ユニット1 读书讨论会

（王宇翔参观一所中学并旁听了语文课，课后参加了学生们的讨论。）

班主任：同学们，这位是来自中国长春的王宇翔。

学　生：你好。

王　　：初次见面，我是东西大学三年级的王宇翔，我一直期盼着今天能和大家进行交流，请多关照。

第4課　読書

班主任：下面请您来回答学生的提问。

王　　：好的。

班主任：谢谢！好，谁有问题？

水　木：我！

班主任：好，水木！

水　木：请问你的名字怎么写？

王　　：好……（在黑板上写）汉语读做"wáng yǔ xiáng"。

铃　木：汉语发音好难啊。

山　田：你为什么想来日本留学？

王　　：我本来就喜欢日本文化，特别是想了解年轻人的流行文化是怎样形成的。

山　田：比如说你喜欢哪些歌手？

王　　：比如说"松任谷由实""B'z"，还有"Hello Girls"等等。

铃　木：哇，知道很多嘛。

森　山：我可以问一个问题吗？我们在语文课上读过《故乡》……

王　　：《故乡》吗？那是一部只有鲁迅才能写出来的作品，在日本大家也都读啊，鲁迅一直深受中国人爱戴。我也很喜欢《故乡》，能谈谈你们的感想吗？

森　山：开头一段讲的是小时候的事，很有意思，但也很难。

王　　：是吗。你们对哪部分印象最深呢？

森　山：主人公和闰土一起玩的那部分。

王　　：哦，那个部分啊。

水　木：日本的小说中，有哪些你读了之后印象深刻呢？

王　　：嗯……，有夏目漱石的《我是猫》，还有芥川龙之介的《橘子》、川端康成的《伊豆舞女》。你们都读过什么小说？

铃　木：宫泽贤治的《苛刻的餐馆》，还有太宰治的《快跑！梅洛斯》。

王　　：《快跑，梅洛斯》讲的是什么？

水　木：前几天读书讨论会上4班同学介绍了这本书。

班主任：那就请4班同学来给王宇翔介绍一下吧。

小　山：好的。嗯……，首先出场人物有主人公梅洛斯和他的好友赛里努斯，还有西拉克国的国王。为了筹备妹妹的婚礼，梅洛斯来到了西拉克的小镇上。小镇异常凄凉，梅洛斯觉得很奇怪，就找来一位老人询问。这位老人说，西拉克的国王说不能相信任何人，就把自己的孩子、妹妹、皇后、侍从还有很多人都纷纷杀掉了。

中　山：梅洛斯听后非常气愤，他翻越城池想要杀死国王，不巧反被逮住，将被处

死。梅洛斯想到妹妹的婚礼，就恳求国王放他前去参加，并答应在三天后太阳落山之前返回。好友赛里努斯替梅洛斯留在西拉克国，梅洛斯赶回了村子。

大　山：妹妹的婚礼结束后，梅洛斯又赶往西拉克国，赛里努斯正在那里等着他。途中梅洛斯历尽了磨难，精疲力竭的他也曾想过背叛朋友，但为了友谊，他还是用尽最后的力气奔向西拉克国。

森　山：在日落前的最后时刻梅洛斯总算跑到了西拉克国，他和赛里努斯相拥在一起，见证他们的友情。看到二人如此珍视友情，国王终于理解了信任的真谛，从此改过自新。

王　　：哦……谢谢。非常有意思。

小　山：你要是梅洛斯的话，会怎么做呢？

王　　：嗯……怎么说呢，还是会回来的吧。

中　山：你也有好朋友吧。

大　山：是女的吗？

王　　：啊？

ユニット2 读后感

（1）《科学家和大脑》——寺田寅彦

寺田寅彦写过一本随笔，名为《科学家和大脑》。只有聪明的人才能成为科学家，这是人们想象、描绘的关于科学家的命题。对此，寅彦提出了这样的看法"只有不聪明的人才能成为科学家"。

只有不聪明的人才会去拼命尝试那些聪明人一开始就认为行不通的事，通常在他们认识到行不通的时候，却发现了一些行得通的线索。

脑子转得快、理解力、记忆力、推理能力强的人一般被认为是聪明人，但这种各项能力都很突出的人未必适合做科学家。

聪明人大多从一开始就不愿涉足研究这种效率低的工作。有些人虽然在某些方面落后于他人，但他们对自然界充满了好奇，并虚心地向大自然请教，并且坚持不懈地努力。只有这样的人，大自然才会向他们敞开大门。我认为现行的升学考试并不适合选拔科学家。

引自石井象二郎《我的"心之书"》，朝日新闻文艺部编

（2）《心》——夏目漱石

我可以毫不犹豫地说，我的"心"是由夏目漱石塑造的。

从小学开始，无论是否理解，我一直坚持阅读。结果，我的"心"变成了代助的心、老师的心、三四郎的心、一郎或二郎的心、宗助的心，以及津田的心。我在自己的心中寻找、发现夏目漱石笔下的这些男性的内心，这与读漱石作品是同样的。他们看待女人的心也成为我看待女人的心。因此于我而言，女人就是美弥子、直、阿米、三千代和阿延。

仅有想要诚实生活的意志，并不足以让人真正诚实地生活。我对自己的内心不抱信任。就像老师一样，我一直战战兢兢，不知何时会背叛朋友。

引自石井象二郎《我的"心之书"》，朝日新闻文艺部编

（3）《沙拉纪念日》——俵万智

三年前，我因颈椎病检查住了大约十天院，朋友把一本刚刚出版的很有意思的书送给了我，这就是《沙拉纪念日》。

因为我父亲是俳句作家，我上幼儿园的时候就把创作俳句当作乐趣，对《万叶集》和《古今和歌集》也很熟悉。在国外被邀请到日本人家里做客时，我半开玩笑地写过类似和歌的东西。不过，近现代的和歌过于晦涩、老气横秋，我总是不太喜欢。

为了检查，注射的副作用给我带来了很大痛苦，俵万智的才情帮我缓解了这种痛苦。我买了沙拉餐具送给作者，希望能在7月6日寄到。我是第一次做这种追星的事。我有一个习惯，自己喜欢的书总是买上几本送给朋友，但不知为何，这本书却想独自拥有。然而，担心的事发生了，《沙拉纪念日》成为超级畅销书。

引自岩城宏之《我的"心之书"》，朝日新闻文艺部编

第5課　さまざまな学び

一、教学目标

1. 能够根据自己与听者的关系选择得体的表达
2. 能够关注文章段落之间的关系，理解整篇文章的结构、指示词所指代的内容。

二、语言知识点、学习重点及拓展教学提示

1. 语言知识点及学习重点

ユニット1

语言知识点	学习重点
①N／Vるどころではない＜无法进行＞	①根据谈话对象的不同而维持或改变话语行为。 ②根据谈话对象的不同选择得体的语体和表达方式。 ③运用双重授受句表达请求、希望。

ユニット2

语言知识点	学习重点
①～ことから＜原因・根据＞ ②～ばかりで（は）なく＜递进＞ ③Nなしには Vない＜否定性条件＞ ④Nこそあれ＜转折＞	①能够使用「～ことから」表达原因、理由、根据。 ②掌握后缀「-がい」的使用方法。 ③运用后项动词「-だす」构成复合动词，并区分两种意义的差异。

2. 拓展教学提示

（1）结合课文1，搜集中国及世界其他国家的"国花"。可用海报或推文等形式在全班介绍、分享学习成果。

三、教学重点

（一）语法教学重点

1. N／Vるどころではない＜无法进行＞（→ 条目1）

该句式表达某种原因导致实际状况很急迫或很严重，根本无法做某事。相当于汉语的"不是做……的时候；哪里谈得上……"。注意一般在口语中使用。也说「～どころの話ではない」。

(1)仕事が忙しすぎて恋愛**どころではない**。

(2)エアコンもなく、もう暑くて寝ている**どころではなかった**。

(3)仕事が遅れているので、週末は休んでいる**どころの話ではない**。

(4)ちょっと手伝ってくれない？――ごめん、今それ**どころじゃない**よ。

2. Vておく＜礼貌用法＞

会话的最后，木村说「いいよ。年少者教育のことなら任せといて」，此处的「任せといて」是「任せておいて」的口语表达方式，与「任せて」相比，语气更加委婉，显得更为礼貌。这一用法在口语中较为常见。

(1)一応、**考えておきましょう**。

(2)手続きとかは、私のほうで**やっておきます**。

(3)これはもう要らないから、**捨てておいてください**。

1. ～ばかりで（は）なく＜递进＞（→ 条目2）

本课出现的「～ばかりで（は）なく」与第三册第4课学习过的「～ばかりか」都表达递进的意思，区别在于，「～ばかりで（は）なく」侧重于表达范围的扩大，句末可使用希望、要求、命令、意图等表达方式；「～ばかりか」则更偏重表达程度的提高，带有说话人惊讶、意外的强烈语气，后句不能使用希望、要求、命令、意图等表达方式。

(1)仕事｛○**ばかりでなく**　×ばかりか｝遊びもしたい。

(2)肉｛○**ばかりでなく**　×ばかりか｝、野菜も食べてください。

可借此句式顺便复习学过的与「ばかり」有关的句式。

a. Vたばかりだ〈动作刚刚结束〉

(3)先週日本から帰ってきたばかりです。

b. ばかり＜限定＞

(4)ゲームばかりしていないで、ちゃんと勉強しなさい。

c. ～ばかりか＜附加、递进＞

(5)彼はアメリカばかりかヨーロッパへの留学経験もある。

d. ～ばかりに＜消极性的原因＞

(6)コミュニケーションが下手なばかりに、失敗ばかりしている。

e. Vてばかりだ／てばかりいる＜限定状態＞

(7)あの子は勉強しないで遊んでばかりいる。

2. NなしにはVない＜否定性条件＞（→ 条目3）

该句式除了前接名词外，还可以前接动词，此时需要使用"动词辞典形＋こと"的形式。

(1)言語はその国の文化を知ることなしには習得することができない。

(2)お互いに協力することなしには問題を解決することはできない。

四、教材练习答案

ユニット 1

A　内容確認

(1)高橋さんのお母さんは、美穂さんから「王さんにぜひ見てもらいたい」というメールを受けて、王さんをお花見に誘いました。

(2)伊藤さんはお花見に来る前に、王さんが京華大学の学生であることを知りませんでした。彼女はお花見の時に「京華大学に留学していた」と言ったときに、初めて同じ大学であるということを知りました。

(3)高橋さんのお母さんは、お父さんがお花見よりもお弁当を楽しみにしている様子を見て、「まったく、花より団子なんだから」と言ったのです。

(4)伊藤さんは、潤ちゃんが桜の木に登っているのを見て、彼が子どもっぽい行動をしていることに頭を痛めています。潤ちゃんに将来京華大学に行ってもらいたいと思っていますが、現在の彼に不安を感じています。

(5)①潤ちゃんの中国語の先生になること。

②潤ちゃんの中国語の話し相手になること。

王さんは、最初は驚いていましたが、最終的には依頼を引き受けました。

(6)伊藤さんは、王さんが同じ京華大学の後輩であることを知り、親しみを感じた

ため、親しい文体を使い始めたのだと思います。
(7) 王さんは、高橋さんのお父さんの部下が7月から北京に赴任するので、その部下にも中国語を教えてもらいたいと頼まれました。
(8) 王さんは高橋さんのお父さんからの依頼を引き受けるかどうかは明確には示していません。文脈から見ると、彼はその依頼に驚いて困っている様子があります。
(9) 信哉君は受験勉強に打ち込んでいません。信哉君が「まだ部活に夢中で勉強どころではない」というお母さんの発言から分かります。
　お母さんは、真剣に勉強してほしいと思っており、彼が勉強に集中していないことに不満を抱いています。
(10) お父さんは、信哉君がこのままでは「サクラチル」つまり、受験に失敗することだと言っていますが、焦ることはないと楽観的に考えています。
(11) 伊藤さんは、潤ちゃんが王さんに具体的な日時を提案するのは、王さんの都合を無視していると感じたので、潤ちゃんを叱りました。
(12) 王さんは、スケジュール帳をうちに置いてきてしまっていたため、すぐに返事ができなかったのです。
(13) 王さんは木村さんに、子どもにゲームで教える方法について教えてほしいと依頼しました。
(14) 王さんは、木村さんに明日の吉田先生の授業のあとに教えてほしいと依頼しました。「その話、時間があるとき、もうちょっと教えてくれない？」と願いました。

B　文法練習
1.
　(1) N／Vるどころではない
　　　①疲れていたので、仕事どころではなかった
　　　②人のことを心配しているどころではない
　　　③旅行に行く

C　会話練習
☞ ポイント1
1) ここをおさえよう！
(1) 王さんは吉田先生に、お祭りのDVDを貸してほしいと依頼しました。

(2)はい、すぐに依頼に応じました。
(3)依頼する側には明日等の日時を決める決定権がないから、許可を求める丁寧な表現を使っています。
(4)②の下線部は、「では、10時頃になさいませんか。」や「では、10時頃にいたしましょう。」と言うのは不適切です。ここは依頼の表現であり、依頼は話し手が受益の受け手です。日本語ではこのこと―依頼の時は話し手が受益者であること―を文法的に明示する必要があり、そのため、授受表現を用いることが不可欠となります。敬語を使っても文法的に正しくならないことを理解しましょう。
「では、10時頃にいたしましょう。」は謙譲語ですが、こちらも依頼の文脈です。
従って、話し手が受益者であることを授受表現を用いて、文法的に明記する必要があります。従って、「10時頃にお願いできますか」でも良いのですが、「10時頃に伺ってもよろしいでしょうか。」などと言うと、さらに丁寧で適切となります。
(5)王さんは明日10時に先生の研究室にお祭りのDVDを借りに（貸していただきに）行きます。

✤ 言ってみよう！
(1)学生：サインで書類の作成をお願いできますでしょうか。
　（解説：お願いできないでしょうか、とすると無理なお願いをしている表現となる。）
(2)学生：すみません、今から申し込みお願いしてもよろしいでしょうか。
(3)王　：すみません、木曜日にご相談に伺ってもよろしいでしょうか。
　（解説：目上の方のところに行くときは「行く」とは言いません。）
(4)学生：11時ちょうどに提出してもよろしいでしょうか。

2) ここをおさえよう！
(1)チャリヤーさんが、劉さんに、プレゼンテーションソフトのグラフの作り方を教えてほしいと依頼をしました。
(2)①の下線部は、チャリヤーさんが劉さんに晩ご飯が終わったら自習室でグラフの作り方を教えてもらうという意味です。
(3)①の下線部をチャリヤーさんが先輩に言うとしたら、「じゃ、晩ご飯が終わっ

たら、自習室でお願いしてもいいですか」、もう少し丁寧にする場合は、「教えていただいてもいいですか」となります。
(4) ②の下線部の「オッケー」で、劉さんは快く引き受けたことをチャリヤーさんに伝えています。

3) ここをおさえよう！
(1) 吉田先生が、王さんに、キャンパス案内の通訳を依頼をしました。
(2) 「してあげます」という表現は、「あなたのためにわざわざ〜をしました」というニュアンスがあり、日本語では恩着せがましいと感じさせてしまいます。日本語では相手に利益を与える与益者は、相手よりも目上の立場になりやすいのです。
(3) 「させていただきます」は、自分が何かを行うことについて、誰かからの指示があり（させる）、それを受益者として喜んで行う（いただく）という意味があります。つまり、相手を与益者とし、話し手を受益者とする表現で、日本語では謙譲語と考えられます。
　「いたします」は、「する」という動詞の謙譲語ですが、相手のためにする、という意味を含むため、話し手が与益者の立場になりやすくなります。それで話し手が受益者となる「させていただく」が好まれます。近年は特にこの傾向が顕著です。

♣ 言ってみよう！
① 書く → 書かせてください
② メールで送る → 送らせていただきます（お送りさせていただきます）

☞ ポイント２
ここをおさえよう！
(1) 下線部の「教えてあげて」は、劉さんが王さんに探していた本、図書館にあることを「教える」。受益者は王さん。
(2) 「教えてあげる」ことによってありがたいと思う人は王さんです。
(3) 受益者は木村さんです。
(4) さっき、木村さんに王さんに伝えるように言われたんだけど、王さんが探していた本、図書館にあるって。

♣ 言ってみよう！
相談に乗る→相談に乗ってあげたら

☞ ポイント３
ここをおさえよう！
(1)伊藤さんに、息子の会話の相手をしてほしいと、頼まれたから。
(2)王さんが伊藤さんに頼まれた内容を表している部分は「息子の会話の相手をしてほしいって」。
(3)王さん、潤の中国語の先生になってやってもらえませんか（くれませんか）。

☞ ポイント４
ここをおさえよう！
(1)せめて、１日に５人でもお客が来てくれるといいんだけど……
(2)若い女性にヘルシーな日本料理を食べてもらえるお店を作りたいと思ってこの店を始めました。

☞ ポイント５
ここをおさえよう！
(1)上の会話では潤の邪魔によって話題がゲームの話だったり、中国語の勉強の話だったりして変わっています。
(2)潤の母は「あ、そうだ。」で別の新しい話題に移りました。
(3)潤の母は話を前の話題に戻そうとした時、王さんに向かって、「ねえ、」「えーと、それで、さっきのお話の続きなんですけど、」と言いました。
(4)王は潤と潤の母の発言双方に必死で応じています。
「えっと」「ええと、ええと」「はい」「あ、金曜日ですか」で潤と潤の母の発言に応じています。ここは潤と母が離れた場所にいると想定して、読んでみると王さんの大変さがよくわかります。困ったときに「ええと・ええと」と言うところも注目しておきましょう。

A 内容確認
1.
(1)「競技スポーツ」とは、身体的な能力の限界への挑戦の場として位置付けら

れ、競技の記録やパフォーマンスを向上させ続けるスポーツのことを指します。

(2) スポーツには「競技スポーツ」のほかに、ジョギングやウォーキングなどの競技性のない身体運動を含む「生涯スポーツ」や「健康スポーツ」などがあります。

(3) 「sport for allという取り組みが世界的に展開されている」のは、現代人が機械文明に浸かり、身体運動の機会が極端に少なくなっていることによって体力が低下し、成人病などの健康障害が増加しているため、それを解決する唯一の手段がスポーツだからです。

(4) 「ソ連、東独などの東欧圏が先行し」たのは、オリンピックなどの国際大会が国威発揚の絶好の場と認識され、身体や運動に関する科学的知見が蓄積されてきたからです。

(5) 科学者に求められるフェアプレーとは、スポーツにおいてドーピングや遺伝子操作などの不正行為を避け、倫理的に正しい方法を守ることです。

2.
(1) 「この意味」とは、日常生活から解き放たれて心身をリフレッシュすることにスポーツが役立つという意味です。

(2) 「それ」とは、身体的な能力の限界への挑戦の場として位置付けて、競技の記録やパフォーマンスを向上させ続けてきたスポーツを指しています。

(3) 「それ」とは、身体運動の機会が極端に少なくなり、体力が低下し、成人病などの健康障害が増加しているということを指しています。

(4) 「それ」とは、オリンピックなどの国際大会が国威発揚の絶好の場と認識され、身体や運動に関する科学的知見が蓄積されてきたこと、経験に頼ってきたトレーニングに科学的な分析が加えられるようになったことを指しています。

(5) 「この視点」とは、健康という視点のことを指しています。

(6) 「そう」とは、ドーピングや遺伝子操作など、スポーツにおける科学技術の悪用を指しています。

3.
(1) 「機械文明にどっぷりと浸かっている」とは、現代社会において機械やテクノロジーが日常生活で大きな影響を与えている状況を指します。

(2) 「飽食によるエネルギー出納のプラス」とは、食べ過ぎによって体内に取り

入れるエネルギーが、消費するエネルギーよりも多くなることを指します。
(3)「科学のサポートなしには世界の頂点では戦えない」とは、最新の科学技術や科学的知識を利用しなければ、国際的な競技大会でトップの成績を収めることができないという意味です。
(4)「（科学の）悪魔性」とは、科学技術が人類に大きな恩恵をもたらす一方で、人々に害をもらたす可能性があるという意味です。

B　文法練習
(1)〜ことから
　①眼鏡の形をしていることから
　②火星人がいるのではないかという考え
　③「銀貨餃子」
(2)〜ばかりで（は）なく
　①走るばかりでなく、立ち止まって考えることも
　②喫煙者本人ばかりでなく、周囲の人の健康にも
　③体を鍛える
(3)NなしにはVない
　①水なしには生きられない。
　②5年間の努力なしには、私の今の成功はなかった
　③仕事にならない
(4)Nこそあれ
　①年の差こそあれ、真剣に愛し合っている
　②勉強は苦労こそあれ、楽しいものです
　③努力すれば誰でも成長できます

五、学習手册答案
会話文のまとめ
　王さんは高橋さんの両親と、そのお隣の伊藤母子と一緒に上野公園へお花見に来ている。伊藤さんと話すうちに、伊藤さんには京華大学への留学経験があるとわかる。伊藤さんからも高橋さんのお父さんからも、それぞれ息子さんや部下に中国語を教えてほしいと頼まれる。お弁当やジャスミン茶をいただく中、桜の話題から語呂合わせを教わりながら、楽しい時間を過ごした。翌日王さんは年少者教育について教えてほしいと木村さんに頼む。

読解文各段落の内容

第1段落　スポーツの語源と科学やストレスへの話題提起
第2段落　気晴らしのスポーツと競技スポーツの分化
第3段落　科学の進展がもたらす社会問題とその解決手段としてのスポーツ
第4段落　国威発揚のための科学的スポーツトレーニング
第5段落　最先端科学によるスポーツへの全面的支援
第6段落　競技スポーツと生涯スポーツとの働きかけ
第7段落　科学の悪用を排除するためのフェアプレー精神

実力を試そう

　　　大家好！
　　我们来自Sakura区政府，非常荣幸能举办这个让外国朋友和日本人一起参加的精彩的运动会。
　　语言和文化存在差异，因此通过这样的活动加深相互理解和交流非常重要。体育运动是一种超越国界和种族的共同语言。今天，让我们为彼此的差异感到自豪，一起享受这份快乐吧。
　　在这个运动会上，我们将进行多样的竞技和团队活动，竞争中也蕴含着友谊和合作。通过接触日本的文化和习惯，外国朋友们会有新的发现和感动。同时，区民朋友们通过与外国朋友交流，也可以获得新的视角。
　　运动会不仅仅是简单的竞争，更是一个互相鼓励、分享笑容的场所。请大家积极交流，消除心灵的障碍。
　　最后，能够举办这样精彩的活动，完全得益于大家的理解和合作。在此我谨向大家致以衷心的感谢。希望今天的运动会成为我们难忘的回忆！
　　祝大家度过愉快的一天。

テスト
Ⅰ.文字・語彙・文法

1. (1)いでんし　　(2)めいしょ　　(3)ゆいいつ　　(4)けねん　　(5)えんぎ
　　(6)ちくせき　　(7)むちゅう　　(8)ようきゅう　　(9)かこ　　(10)たくわ

2. (1)心身　　(2)競技　　(3)飽食　　(4)障害／障碍　　(5)恩恵　　(6)限界
　　(7)解き放つ　　(8)展開　　(9)絶好　　(10)浸

3. (1) c (2) d (3) a (4) c (5) b (6) d (7) d (8) c
   (9) b (10) a

4. (1) c (2) d (3) b (4) a

5. (1) d (2) b (3) d (4) b

6. (1) に (2) に／で (3) に (4) と／に (5) を (6) には
   (7) への (8) と／に (9) こそ (10) に／は／で／と

7. (1) a (2) a (3) d (4) d (5) b (6) c (7) d (8) c
   (9) d (10) b

8. (1) c (2) d (3) a (4) a (5) b (6) d (7) d (8) c
   (9) b (10) c

Ⅱ. 听力

1. (1) c (2) a (3) d
2. (1) ③ (2) ③ (3) ① (4) ①

Ⅲ. 阅读

(1) d (2) c (3) a

六、学习手册听力录音稿

実力を試そう

　皆さん、こんにちは。
　外国人の皆さんと日本人の皆さんが一緒に楽しむこの素晴らしい運動会を開催することができ、大変光栄です。
　言葉や文化の違いがある中で、このようなイベントを通じて相互理解や交流を深めることは非常に重要です。スポーツは、国境や人種を超えて共通の言語を持つ素晴らしい手段です。今日は、それぞれの違いを誇りに思い、一緒に楽しみましょう。
　この運動会では、多様な競技やチーム活動が行われますが、競争の中にも友情や

協力が息づいています。日本の文化や習慣に触れることで、外国人の皆さんには新たな発見や感動があることでしょう。また、区民の皆さんも外国からの参加者との交流を通じて、新たな視点を得ることができるでしょう。

　この運動会は単なる競争ではなく、お互いに励まし合い、笑顔を分かち合える場でもあります。ぜひ、たくさんのコミュニケーションをとって、心の壁を取り払いましょう。

　最後に、このような素晴らしいイベントを開催できるのも、皆さんのご理解とご協力があってこそです。心から感謝申し上げます。今日は、楽しいひとときを過ごし、思い出に残る運動会となることを願っています。

　それでは楽しい一日を。

1. 録音を聴いて、a～dの中から正しい答えを一つ選びなさい。
(1) 質問：何をする予定ですか。
　男　：今日は気晴らしに体を動かそうよ。
　女　：いいね。毎日毎日勉強ばっかりで、たまにはリフレッシュしないとね。何する？
　男　：ジョギングはどう？
　女　：うん、激しい運動はちょっと……。
　男　：そう。じゃ、プールへ行こうか。
　女　：いいね。そうしよう。
　質問：何をする予定ですか。
　　a. ジョギング　　b. 激しい運動　　c. 水泳　　d. 勉強
(2) 質問：お客さんはどうしますか。
　客　：あのー、これ赤だけですか。ピンクありませんか。
　店員：こちらのバックですか。はい、少々お待ちください。ピンクがあるかどうか確認してまいります。……お客さま、申し訳ございません。あいにく……。
　客　：あ、そう。じゃ、これでいいわ。
　質問：お客さんはどうしますか。
　　a. 赤のを買う。
　　b. ピンクのを買う。
　　c. どちらも買わない。
　　d. 赤とピンクと、両方買う。

(3) 質問：この霞村では、去年どのくらいライチを生産しましたか。
　　男　：ええ、今日は遠いところを、私達霞村のライチ作り農家の見学においでくださり、ありがとうございました。霞村ではライチの栽培に1000年以上の歴史があり、ここ数十年来は、農家の努力によって、全国的に有名なライチ作りの町になりました。去年の生産高は15000トンで、全国一位になりました。
　　質問：この霞村では、去年どのくらいライチを生産しましたか。
　　a. 数十トンです。
　　b. 1000トンです。
　　c. 10000トンです。
　　d. 15000トンです。

2. 次の問題の文を聴いて、それに対する正しい返答を、①～③の中から一つ選びなさい。
(1) A：調査結果はメールで送っていただける？
　　B：①えっ、ほんとうに？
　　　②手伝いましょうか。
　　　③はい、でき次第お送りします。
(2) A：ジャスミン茶を持って来たんですが、いかがですか。
　　B：①そうですけど。
　　　②よろしくお願いしますね。
　　　③あら、いい香り。
(3) A：ちょっと悪いんだけど、王さんが来たら、王さんが探していた本、図書館の棚にあることを、教えてあげてくれる？
　　B：①うん、いいよ。
　　　②ええ、いいか。
　　　③サンキュー！
(4) A：ちょっと、急用ができちゃって、先に帰らなくちゃ。ごめんね。
　　B：①気にしないで。
　　　②助かります。
　　　③そうなんですよ。

七、课文翻译

1 赏樱花

（周日中午，王宇翔和高桥父母以及高桥家的邻居伊藤和她上小学五年级的儿子润一起来到上野公园赏樱花。伊藤的丈夫是中国人，因工作关系他们现在居住在日本。）

王　　：哇，樱花全开了，真漂亮。
高桥母：美穂来邮件说，一定要让你看看樱花。
王　　：是吗。北京的樱花可能还没开呢。
高桥父：（为了找赏樱花的地方而四处张望）这儿挺好吧。
母　　：这儿不错，你把地垫铺上吧。
王　　：我来帮您……一，二！
母　　：哦，谢谢。在北京大家也赏樱花吗？
王　　：我们学校旁边的公园就是赏樱花的景点。
伊　藤：啊，是京华大学吗？我还在京华大学留过学呢。
王　　：啊，是吗，那您就是学姐了。（轻抻地垫）这样行吗？
父　　：OK。快，盒饭、盒饭。
母　　：你真是"不讲风情但求实惠"啊。
伊　藤：（润不知什么时候爬到了树上，伊藤看到了）哎，润，多危险啊！快下来！我也想让他以后上京华大学，可你看他都五年级了还这样，真让人头疼。
母　　：好了好了，润，快来。
润　　：那我先吃了。
父　　：来，快吃吧。
王　　：我带来了花茶，大家尝尝吧。
母　　：呀，真好闻啊，那我们都尝尝吧。
润　　：这个鸡蛋卷甜甜的，真好吃。
王　　：咦，日本的鸡蛋卷怎么是甜的？（苦笑）
伊　藤：对了，你能教润汉语吗？
王　　：啊？我当润的老师，不会吧？
父　　：对啊！有你在啊，我手下有人7月份要去北京工作，我也想请你教他们，拜托了！
王　　：啊？这个……
母　　：你真是的！

（大家用餐后）

父　　：春天的樱花真是漂亮啊！

王　　：信哉要是也一起来就好了，不过他准备考试也没办法。

母　　：他还是一个劲儿地参加社团活动，哪儿顾得上学习啊，要是再不好好学可就……

父　　：再这样下去可就"名落孙山"了。

母　　：哎呀，你别说不吉利的话了。不过信哉也是，我好不容易教了他年号的背法，他根本就不背。

父　　：就是那个「鳴くよ、うぐいす」吧？哎，着急也没用。

伊　藤：信哉也不容易啊。哦，还是刚才说的那件事，哪怕只是会话也好，我想让他先熟悉一下，你有时间的时候，能不能陪润练练汉语会话。

王　　：学姐的事，我当然很乐意帮忙啦。

伊　藤：太好了！稍微急了点儿，我们从下周开始怎么样？

王　　：要是后半周应该问题不大。

润　　：那我们周五吧。

伊　藤：哎呀，润，王宇翔还有安排呢。

王　　：不巧我把记事本放在家里了，我确认一下再给您打电话可以吗？

伊　藤：好的，那就麻烦你了。

王　　：顺便问一下，您刚才说的「うぐいすがなく」是什么意思啊？

父　　：嗯？哦，就是那个……那是为了记东西说的顺口溜。（开始讲解）

（第二天，在学校）

王　　：木村，前些天你不是讲了如何通过游戏教孩子学习的方法吗？有时间的话，能不能再给我讲讲？

木　村：行啊，如果是少儿教育的问题，就交给我吧。

王　　：谢谢！那就明天下了吉田老师的课之后吧。

木　村：OK。那明天见。

王　　：拜托了！

ユニット2 体育与科学

"体育"一词的词源是"disport"，是"（把郁闷的情绪）带走、拿走"的意思，由此引申出"远离日常生活、散心、玩耍"之意，这似乎和科学或科技相去甚远。而今，人们置身于科学技术和各种压力之中，体育运动能够使人们从中解放出

来，放松身心，从这一角度讲，"体育"一词原本的意义还是存在的。

人类通过不断挑战新事物使大脑得到发育，从而使智慧和文化发展到更高的水平。体育运动也不再仅是散心的游戏形式，而被定位为挑战身体极限的一种方式，比赛记录和选手的竞技表现也在不断提高。奥运会和世锦赛就是这种"竞技体育"的最高水准。

此外，还有另一种类型的"体育运动"。近年来，在世界范围兴起了"sports for all"的运动形式。不仅是竞技体育，诸如慢跑、步行等不带竞技性的身体运动形式也包含在"体育"一词之中。这种为了健康或生活得更有意义而进行的体育运动被称为"终生体育"或"保健体育"。为什么说"for all"呢？随着科技的迅猛发展，今天人们完全沉浸在现代文明之中，很少有机会锻炼身体，这导致了人们体能下降，加之大量进食引起的能量过剩，使生活习惯病等危害健康的疾病不断增多，这已成为严重的社会问题，而解决这一问题的唯一途径就是体育运动。

和体育原本无关的科学与体育相结合不过是近半个世纪左右的事。人们将在奥林匹亚等地举办的国际赛事看作彰显国家实力的良机，并逐渐积累起有关身体运动方面的科学知识，对依赖于经验的体育训练也加以科学的分析。在这些方面，当时的苏联和东德走在了前面，西欧各国奋起直追。体育就是以这种形式发展起来的。

起初，重视经验的体育第一线与尚不完备的科学之间存在隔阂，彼此还不能完全融通。此后，科学的进步、知识的积累，特别是测量技术及器械的飞速发展迅速弥补了这一隔阂。众所周知，当今没有科学的支持就无法在世界顶级赛事中获胜。最尖端的科学技术不仅有助于分析选手的心态、技术、体能等，在诸多方面也都得到了广泛应用，如运动会的运营，包括器械、运动鞋、服装、训练器材等体育用品以及体育场馆的设施，运动记录的自动测定，结果的报道等。

这些在"竞技体育"中积累起来的科学知识和技术，尽管在程度上有些差异，但同样广泛应用于"终生体育"。此外，从健康着眼的体育科学对"终生体育"来说至关重要，对"竞技体育"而言也同样不可忽视。可以说它们之间是相互影响的。

最后，提醒大家不要忘记，科学在给人类带来巨大帮助的同时也存在着丑陋的一面。在体育运动中使用兴奋剂就是其中一例，改变遗传基因等新技术同样令人担忧。正像体育运动追求公平竞争一样，从事体育研究的科学家也被强烈要求公平竞争。我们不要忘记，体育和科学都是为了人类的幸福而存在的。

（引自浅见俊雄《体育的现代意义与体育科学》）

第6課　子どもと大人

一、教学目标
1. 理解日语中称谓的复杂性，并能够恰当地使用。
2. 理解学术性文章的结构及逻辑展开。

二、语言知识点、学习重点及拓展教学提示

1. 语言知识点及学习重点

ユニット1

语言知识点	学习重点
① ～かわりに～ ＜替代＞ ② Ｖていたより ＜超出想象、听说＞	① 根据与听话人的亲疏关系，对听话人、话题中提到的第三者使用不同的称呼。 ② 掌握「～かわりに～」「Ｖていたより」的语义，并能够恰当运用。

ユニット2

语言知识点	学习重点
①～つ～つ ＜动作的交替、状态的并存＞	① 掌握「～つ～つ」的接续方式和语义，并能够恰当地使用。 ② 掌握学术性文章的结构特点及逻辑展开。

2. 拓展教学提示
(1) 通过小组讨论等方式，比较中日两国在对听话人以及话题中提到的第三者的称呼上有何差异。
(2) 以单元2的课文为基础，思考中国青少年教育中存在的问题并分析其原因，撰写报告。

三、教学重点

（一）词汇教学重点

1. 気を遣う

在课本本单元后面，已经介绍了「気を遣う」的意义及使用情境。课堂上，教师还可以引导学生注意，其实在日语中存在着很多训读同音异字词，这些词以动词居多，虽然使用了不同的汉字，但却拥有相同的发音，汉语中有"同音近义律"理论，其实在学习和理解这些日语中的同音异字词时，也可以借用这一理论，让学生感受和理解这些词在意义上的相通之处。现代日语中的用字和一些词的意义其实很多都与古代汉语中的用字及意义相同，通过此举，还可以让学生感受中日两国之间的文化交流。本单元中用到的「遣う」就是其一，「つかう」可写作「遣う・使う・仕う」等汉字，可以让学生通过查询词典和语料库，调查使用不同汉字时意义的不同之处以及相通之处。这样的同音词还有：

(1) 収まる／納まる／修まる／治る

(2) 見る／観る／診る

(3) 上がる／挙がる／揚がる

(4) 登る／上る／昇る

1. 漢語と和語

本单元是一篇学术性较强的文章，教师可以引导学生留意学术性文章中的用词，毫无疑问，较多地使用汉字音读词是该类文章的特点之一。教师可以让学生找出本文中的汉字音读词，并尝试匹配近义的和语词，感受汉字音读词与和语词之间的异同，同时讨论汉字音读词在日语表达中的作用。

（二）语法教学重点

1. Vていたより〈超出想象、听说〉（→ 条目2）

讲授时可以关注两点：第一，接续的前项动词有语义限制，主要是表示思维活动（如「思う」「感じる」「期待する」「想像する」）以及言语行为（如「言う」「聞く」「話す」「見る」「読む」）等意义的动词；第二，动词的形态是持续体的

过去时「Vていた」的形式，用于表达与之前的预期、想象或听到的信息相比，实际情况有所差异。再补充两个例句供教学中参考：

(1) 期末試験は**思っていたより**簡単だった。

(2) その仕事は彼が**言っていたより**も大変だった。

②

1. ～つ～つ〈动作的交替、状态的并存〉（→ 条目1）

　　a.「～（V₁）つ～（V₂）つ」用于表示两个相反或对立的动作反复交替进行，V₁和V₂是语义或语法（语态）上对立的动词。用法相对比较固定，现阶段引导学生记住「行きつ戻りつ」「持ちつ持たれつ」「押しつ押されつ」「浮きつ沈みつ」等常见表达即可。

　　b.该句式与「～たり～たり」意思有相似之处，但「～たり～たり」侧重于表示动作的多样性或反复进行，前后动作之间不一定具有对立关系。另外，两个句式的语体特色也有不同，「～たり～たり」主要用于口语，而「～つ～つ」多用于书面语。

(1) 週末は友達と食事をしたり映画を見たりして過ごした。

　　×週末は友達と食事を**しつ**映画を**見つ**して過ごした。

(2) 家の前を**行きつ戻りつ**している。

　　×家の前を行ったり戻ったりしている。

　　家の前を**行ったり来たり**している。

2. 学术性文章的语言特色

　　a.学术性文章通常包括引言、论点（支持或反驳）、论据、结论等部分，用来表达作者对某个话题或问题的观点、分析和论证。语言逻辑严密、清晰简练。为体现出层次性与逻辑性，通常会在段首使用副词或连词，如「まず」「次に」「そして」「さらに」「しかし」「したがって」等。教学过程中，可以引导学生关注课文中各段的起首部分，理清文章的脉络结构。

　　b.学术性文章往往引用事实、数据和例证等以增强论证的说服力和可信度，此时可以使用如「例えば」「具体的に言うと」等表达，引出具体事例，进而发表自己的观点。在教学过程当中，也可以鼓励学生收集学术性的文章，思考分析其语言特色。

第6課　子どもと大人

四、教材练习答案

A　内容確認

(1)八百屋さんで道を尋ねました。

(2)「家内のサチ子です」と紹介しました。

(3)主人（妻→学生たち）、一郎さん（妻→先生の母）、あなた（奥さん→先生）、お父さん（健太→先生）、一郎（先生の母→先生）

(4)皆さん（妻→学生たち）、一郎さんの学生さんたち（妻→先生の母）、君たち（先生→学生たち）、お兄さんやお姉さんたち（妻→健太）

(5)健太（妻→健太）、ケンちゃん（先生の母→健太）、息子さん（王→先生）、僕（朴→健太）、ケンちゃん（マイク→健太）、健太（先生→健太）

(6)朴さんから「僕」と呼ばれて、マイクさんから「ケンちゃん」と呼ばれていました。

(7)自分のことを「おばあちゃん」と呼んでいました。

(8)「息子さん」と呼んでいました。

(9)「サチ子さん」と呼ばれて、少し意外でした。

(10)健太から見たお母さんです。先生の奥さんです。

(11)健太から見たおばあちゃんです。先生のお母さんです。

(12)呼び方は失礼だからです。

(13)中国語では、一般的に「先生」は男性のことを指しますから。

(14)先生の奥さんを呼ぶ時の良い言い方は見つかりませんでした。

B　文法練習

1.
　(1)〜かわりに〜
　　①映画を見にいくかわりに家で
　　②働くかわりに平日に休みをもらえる
　　③電子決済でお金を払う
　(2)Vていたより
　　①ハルビンは思っていたより暖かかった
　　②収蔵品は想像していたよりシンプルだった
　　③広かった

C　会話練習
☞ ポイント1
ここをおさえよう！
(1)①お店の人への声かけ
　　②質問を相手に切り出す時の挨拶
　　⑦迷惑をかけたことへの謝罪＋他人の親切や手助けに対する感謝
(2)③の「おじさん」は八百屋さん自身のことです。話し手（マイクさんたち）から見たおじさんです。
(3)このおじさんは息子から「おやじ」と呼ばれていました。
(4)④の「お客さん」はマイクさんたちのことです。
(5)⑤の「おれ」は八百屋さん（お父さん）に向かって言っています。
(6)⑥でひろしはマイクさんたちに謙遜して「父」と言っているのです。

A　内容確認
1.
　　(1)×　(2)○　(3)○　(4)×　(5)×　(6)○　(7)×　(8)○　(9)○　(10)○

2.
　　子どもの社会力の低下の要因　＝　家庭生活の変容
　　　　　　　　　1.家族形態や住居形態や生活様式の変化
　　　　　　　　　2.家族機能の外部化
○(1)家族形態や住居形態や生活様式の変化
・5、3
・父親、短くなる
・部屋にこもること
・コミュニティ機能
　　　　日常的な交流がなくなった
○(2)家族機能の外部化
①生活保障
②慰安、精神的安定
③性欲求充足
④生殖、家系保存

⑤教育、社会化
・塾や進学塾に通わせること
・親子の触れ合いが少なくなったこと
○家庭、家族

B 文法練習
1.
　(1) ～つ～つ
　　①抜きつ抜かれつの大接戦で
　　②今夜の月は雲間に見えつ隠れつ
　　③新入社員の頃からお互いに助け合ってきました

五、学习手册答案
会話文のまとめ
　連休にマイクさんと王さんと朴さんと木村さんが、マイクさんの指導教授である清水先生の家を訪問した。先生のお宅には先生だけでなく、先生のお母さんや奥さん、息子さんの健太君もいた。先生のご家族と話した帰り道、みんなは日本語の呼び方の難しさに気づき、自分の国との違いを話し始めた。先生の奥さんをどう呼ぶかについては答えが出ないままだった。

ユニット2
　7.家庭の役割
　例：
　1.家族の団らんの場
　2.子どもを生み、育てる場
　3.子どもをしつける場
　4.親の世話をする場
　5.夫婦の愛情をはぐくむ場
　6.休息・やすらぎの場
　7.親子が共に成長する場
　8.家族の絆を強める場

読解文のまとめ

　日本では子どもの不登校や引きこもりへの問題視が久しい。このような非社会的行動を「社会力の低下」という概念を用いて教育社会学者である筑波大学の門脇教授が説明している。教授は、「①家族形態や住居形態や生活様式の変化」と「②家族機能の外部化」という家庭生活の変容によるものだと分析している。①については、家族同士の交流の減少や地域の交流の希薄化を指摘し、それにより、社会力のおおもとである他者への関心と愛着と信頼感が培われなくなったために子どもたちの社会力が衰弱したと結論付けている。②については、家族機能のうちの「子どもを育てて社会化にする機能」が、受験競争や母親の社会進出により外部化されたことで、家族同士の情緒的つながりが薄れ、①と同様に他者への関心と愛着と信頼感が希薄化したと分析している。子どもの社会力の低下は、家族の変質が原因なのだから、家族や家庭の再考が解決に繋がると筆者は読者に問いかけている。

実力を試そう

　我们首先注意到的变化是超市。一人份的产品越来越多，比如咖喱。根据市场调查公司的数据，全家人份咖喱酱的销售额在平成29年首次被一人份的即食咖喱超过。

　NHK的烹饪节目《今天的料理》也在发生变化。该节目长期以来一直介绍4人份食材的料理。但自平成21年开始，变为2人份，并增加了介绍一人份菜品的次数。

　此外还出现了专门做"一人旅行"的旅行社。总部位于东京都的这家旅行社每年策划一人旅行的行程1000个左右，据说约有5万人参加。在过去30年的平成时代，满足一人生活的服务在逐渐充实。

テスト
Ⅰ．文字・語彙・文法
1.

| れんちゅう | とつぜん | ぼんのう | いぶんか |
| こどもづれ | てんねん | なやむ | ことなる |

| になう | めじるし | うながす | むち |
| たんとう | いんかん | さいそく | ぶなん |

| うしなう | くばる | よぶ | つちかう |
| しつれん | はいたつ | こしょう | さいばい |

第6課　子どもと大人

2. (1) 特徴　(2) 養育　(3) 習得　(4) 手当　(5) 滞在　(6) 愛着　(7) 希薄
   (8) 保障　(9) 久　(10) 及

3. (1) d　(2) a　(3) c　(4) b　(5) b　(6) a　(7) c
   (8) d　(9) c　(10) a

4. (1) に　(2) すら／さえ　(3) との　(4) を　(5) で　(6) に
   (7) に　(8) に　(9) が　(10) に

5. (1) d　(2) b　(3) c　(4) d　(5) a　(6) b　(7) d
   (8) b　(9) c　(10) d

6. (1) a　(2) c　(3) a　(4) b　(5) c　(6) b　(7) c　(8) b
   (9) a　(10) a

7. (1) a　(2) c　(3) c　(4) b　(5) d　(6) a　(7) c　(8) c
   (9) a　(10) d

II. 聴解

1. (1) ①×　②○　③×　④×
   (2) ①×　②○　③○　④○

2.
   (1) 清水区の山田区長
   (2) 責任感の強さ
   (3) ①清水市にイタリア料理店を開店する予定のシェフで店長。
   　　②コース料理が中心で、20代～30代の会社員をターゲットにしている。
   　　③ファミリーや友人同士のグループをターゲットに、本場で学んだイタリア
   　　　家庭料理を大皿でアットホームに提供したい。
   　　④5月。
   　　⑤イタリア料理店開業の融資を得ることが目的。

3. (1) ③　(2) ②　(3) ①　(4) ③

Ⅲ. 読解
　　省略

六、学习手册听力录音稿

実力を試そう
　私たちが、まず変化に気付いたのは、スーパーマーケットです。1人用の商品が目立つようになりました。例えばカレー。市場調査会社によりますと、家族の分を作れるカレールーの売り上げを、1人分のレトルトカレーが、平成29年に初めて上回りました。

　NHKの料理番組「きょうの料理」も変化してきています。番組では長い間、料理の材料を4人分で紹介してきました。それが平成21年からは2人前になり、さらに、1人分を紹介する回も増え始めました。

　「一人旅」に力を入れる旅行会社も出てきています。都内に本社のある旅行会社では、年間約1000コースの一人旅を企画。約5万人が参加するといいます。平成の30年間で、1人暮らしを楽しむサービスがすっかり充実しました。

聴解スクリプト
1. 録音を聴いて、内容と合っていれば○、合っていなければ×を（　）に書きなさい。
(1)女性：今日は、来年からの新商品の販売について作戦会議を行います。これまでA商品を販売してきましたが、来年からはこのB商品を市場に出したいと思います。新年と同時に売り出すのですが、今日は、いかにして売り出すかを、皆さんで話し合っていきます。
(2)男性：今や日本のみならず、中国やアメリカでも多く消費され始めた当社の商品ですが、今回の新商品を、より多くのお客様にご紹介したいと思います。そこで、どのように売り込んでいくかということですが、それでは、資料に沿って説明したいと思いますので、お手元の資料をご覧ください。

2. 録音を聴いて、後の質問に答えなさい。
(1)皆さんこんにちは。4月1日付で清水区長に就任した山田と申します。　どうぞよろしくお願いします。皆さんとともに、「行きたくなる」「住みたくなる」、そして、健やかに生き生き暮らせる町を目指していきますので、何とぞよろし

第6課　子どもと大人

くお願いいたします。

質問：自己紹介をしているのはどんな人ですか。

(2) 私の長所は責任感が強いことで、途中で投げ出すことは絶対にしません。学生時代は野球部のキャプテンとしてチームをまとめ、県大会でベスト4になりました。また現在は、プロジェクトの目標である顧客数20％アップも達成しました。

質問：この人は自分のどんな長所をアピールしていますか。

(3) 鈴木一郎です。高校卒業後イタリアに渡り、6年間シェフとして働きました。1年前に日本に戻り、レストラン開業の準備をしてまいりました。現在、日本には多くのイタリア料理店があり、清水市には37店あります。詳しくはこちらをご覧ください。これらのレストランはコース料理が中心で、客層としては20代～30代のビジネスマンが多く見られます。そこで私は、ファミリー層をターゲットに、本場で学んだイタリア家庭料理の店を開店したいと考えました。店舗名は「イタリア家庭料理　ボーノ・ボーノ」。

ターゲットはファミリーや友人同士のグループです。大勢でイタリアの家庭の味を楽しんでいただきたいと思っています。ボーノ・ボーノの特徴は3つあります。

(1) 本場イタリアの家庭料理

(2) 大皿料理

(3) アットホームなサービス

店舗のイメージ図、メニューについてはこちらの資料をご覧ください。

現在3箇所の候補物件があります。今後は2月までに資金調達をして賃貸契約を結び、店舗の改装にとりかかります。順調にいけば、5月にオープンする予定です。私は今までの経験を生かし、本場のイタリア料理を清水市の皆様にぜひ味わっていただきたいと思っています。そして、家族、仲間の絆が深まる楽しいひと時を提供いたします。ご融資、よろしくお願いいたします。

3. 次の問題の文を聴いて、それに対する正しい返答を、①～③の中から一つ選びなさい。

(1) A：お父さん、学生さんたちが見えました。

　　B：①ご親切にありがとうございます。

　　　　②なかなか見えませんね。

　　　　③あ、どうぞどうぞ、お入りなさい。

(2) A：これ、つまらないものですが。
　　B：①ありがとう。つまらないですね。
　　　②ありがとう。そんな気を遣わなくていいのに。
　　　③ありがとう。大したもんですね。
(3) A：じゃ、今度その資料持ってきてあげるよ。
　　B：①恐れ入ります。よろしくお願いします。
　　　②いえいえ、そんなことはございません。
　　　③はい、そうさせていただきます。
(4) A：先生、この間はどうもありがとうございました。
　　B：①どれどれ。あれ、ほんとだ……。
　　　②どうぞ、ごゆっくり。
　　　③こちらこそ。妻も母も楽しかったって、とても喜んでましたよ。

七、课文翻译

ユニット1　依恋奶奶（姥姥）的孩子

（节假日去迈克的导师清水老师家拜访，迈克是第二次去。）
迈克：咦？这里原来有个警察值班岗亭……我记错路了吧。
木村：我去问一下蔬果店的大爷……请问……
（到了老师家）
迈克：（按对讲机）有人在吗，我是迈克。
老师：啊，迈克。（开门）快，请进，请进。
大家：打搅了。（进门）
老师：这儿好找吗？
迈克：稍微犹豫了一下，后来问了蔬果店的人。
老师：是吗。这是我太太幸子。（介绍妻子）
大家：初次见面，您好。
妻子：快请，我常听他说起你们。（大家进了屋）
老师的母亲：幸子……
妻子：妈，一郎的学生来了。
母亲：啊，欢迎。快，快请进。
迈克：（进到房间中）这个，这是我们的一点儿心意。
老师：呀，谢谢。你们不用这么客气……那我就收下了。

妻子：呀，实在不好意思。你快请大家坐下。
健太：（老师的儿子突然进来）奶奶，快跟我一起玩儿呀！
妻子：健太，迈克来了，说"你好"，快向大哥哥大姐姐问好。
健太：迈克，你好！嗯，你们好！
大家：你好！
母亲：阿健，和奶奶到那边玩儿吧。
健太：嗯！拜拜。
母亲：你们慢慢聊。
（老师的妻子端来了茶和大家带来的点心。）
妻子：这是你们带来的点心。
迈克：幸子你要哪块？
妻子：啊？哦，大家先来吧。
健太：（又过来了）爸爸，游戏机不动了。
老师：我看看……咦，还真是……过会儿我帮你修，你先到奶奶那儿玩儿去吧。
王　：他几岁了？
老师：几岁来着？今年该7岁了。
朴　：你叫什么名字啊？
健太：清水健太。
母亲：（从屋外喊）一郎，小林老师来电话了。
老师：哦，我先去一下。（跟学生打招呼后出去了。）
迈克：阿健，你喜欢那个游戏机？好玩吗？
健太：嗯，还行吧，这个版本太老了。大哥哥你喜欢吗？
迈克：我以前也很喜欢。嗯……哦，是这儿坏了。
老师：（回来了）健太，妈妈叫你去吃东西呢，快去。
健太：好，迈克，过会儿见。
（在回去的路上）
木村：我注意听了一下日语的称呼，没想到那么难。
朴　：是啊。前几天，一个40岁左右的妇女在我前面走，她的票掉了，我提醒她说"阿姨，票掉了"，她就瞪了我一眼。
木村：她带孩子了吗？
朴　：没有。
木村：那就不能叫"阿姨"。她被你这么一叫，确实挺可怜的。在韩国呢？
朴　：好像40岁以上可以叫"阿姨"。

王　　：日语中的"先生"也可以用于女性，当初我还觉得挺别扭的呢。还有，在店里我叫人家"姐姐"，结果被笑话了一通。

朴　　：我也是。这个时候一般说「すみません（劳驾）」就行了。

迈克：哦，对了。老师的太太我们应该怎么称呼？"夫人"？

木村：嗯……是啊，怎么称呼呢？

（第二周，清水老师的课之后）

木村：老师，谢谢您上周招待我们。

老师：哪里呀，我太太和母亲都很高兴，都说很开心。

迈克：阿健的游戏机修好了吗？

老师：还没呢，比想象得复杂，不太好弄。

王　　：小健太跟您母亲很亲吧。

老师：嗯，那孩子就是跟奶奶亲。

迈克：请问在您家里我们应该怎么称呼您夫人呢？

老师：嗯……是啊，这么一说，好像怎么称呼都不太合适啊……

ユニット2 家庭生活的改变与儿童社会交往能力的降低

　　在日本，孩子躲在家中拒绝上学等违背社会常规的行为很久前就引起了人们的关注。专门研究儿童这种行为的教育社会学家称之为"社会交往能力低下"。筑波大学的门胁厚司教授就是这个领域的专家。门胁教授在论文中分析并指出，儿童社会交往能力低下的主要原因是家庭生活的改变。下面，我们介绍一下论文的梗概。

　　在论文中，门胁教授谈到：1. 家庭形态、居住形态以及生活方式的改变；2. 以"家庭成员功能外部化"的观点来分析家庭生活的改变，认为家庭生活的改变与儿童社会交往能力的低下相关。

　　论文首先阐述了家庭形态、居住形态和生活方式的改变体现为每户人数的减少及各户独立化、个人独立化的增强。过去平均每户5人，而现在多是一对夫妇带一个孩子。父亲每天要从郊区的家中赶到市中心上班，出门在外的时间增多了；孩子有了自己学习的房间，经常整天窝在里面不出来。这样，"即便在家里，家人之间的交流也得不到保证"。

　　论文还指出，不单是家庭成员之间，社区内部的交流也越来越少。"人们为了拥有自己的住房从各地汇集到大城市，这种聚集地就是社区。在社区中，几乎没有邻里间的交往，也没有整个社区的集会或活动。社区失去了曾有的邻里间交流互助的这种交际功能"。

此外，论文还分析指出："孩子和大人的日常交流减少了，甚至在家里和家人的交流也得不到保证。社会交往能力的根基是对他人的关心、依恋和信赖，而培养这种关系必不可少的条件是和他人的交往互动。这种交往互动的绝对量的减少导致了儿童社会交往能力的衰退，同时也阻碍了他们大脑的发育，因为大脑的发育是要靠社会交往能力的增强来促进的。"

　　在谈到第二点"家庭成员功能外部化"时，门胁教授列举了"家庭成员功能"的5个方面："①通过提供食物和休息场所，保障家庭成员的生命和生活（生活保障）；②安抚家庭成员，使其情绪稳定、心态平和，提供精神上或心理上的稳定状态（安抚、精神上的稳定）；③满足性的需求（性满足）；④生儿育女，传宗接代（生殖、家世繁衍）；⑤养育子女使其成为社会的一员（教育、社会化）"。

　　门胁教授谈到了家庭成员功能外部化的一些原因，如：随着经济的快速发展，应试竞争范围扩大且日渐激烈，除了让孩子上学还要把他们送到辅导补习班等做法已成为很普遍的现象；母亲要步入社会，于是就把养育孩子的功能转嫁到家庭外部；在家中父母也很少为孩子念书、讲故事，父母与孩子之间的接触减少了。

　　门胁教授还指出："家庭成员功能外部化这种家庭成员关系的改变一定会给在这种环境中长大的孩子的性格形成带来影响。家人之间的情感交流变得稀少、家人不再为做一件事而齐心合力、家人之间相互依存的关系也变得疏远，这些都直接影响着孩子，使他们对他人的关心、依恋和信任感大大减弱。总之，在发生质变的家庭中，孩子社会交往能力的根基无法形成。"

　　门胁教授将"社会交往能力"定义为"人和人联系在一起构成社会的能力"。"家庭"和"家人"既是社会交往能力降低的原因，同时也是解决这一问题的关键，我们有必要思考一下其中的深意。

　　参考文献：门胁厚司《导致"儿童社会交往能力"低下的家庭生活之改变——电视及电子游戏依赖症的危害》

第7課　説明

一、教学目标

1. 掌握日语中的责备表达，并能够对此做出恰当的道歉。
2. 理解论述性文章的逻辑展开及作者的观点。

二、语言知识点、学习重点及拓展教学提示

1. 语言知识点及学习重点

ユニット1

语言知识点	学习重点
① Vっこない＜不可能＞ ② ～てたまらない＜极端的心理、生理状态＞ ③ Vざるをえない＜不情愿的选择＞ ④ Nにそって／にそう＜动作的依据；动作的方向＞	① 理解「Vっこない」的语义，并能够在恰当场合下运用。 ② 掌握「Vざるをえない」的用法，并能够区分与「なければならない」的不同。 ③ 掌握「Nにそって／にそう」的用法，并能够区分与「Nによって」的不同。

ユニット2

语言知识点	学习重点
① ～中（で）＜状况＞ ② ～ほど＜比例变化＞ ③ V（よ）う＜推测＞ ④ ～かといえば／かというと＜与事实相反＞ ⑤ Nを余儀なくされる＜被迫＞ ⑥ ～どころか＜相反＞ ⑦ ～に至る／に至って＜达到＞	① 掌握「V（よ）う」的接续方式和语义，并能够恰当地使用。 ② 理解「Nを余儀なくされる」的语义，并能够恰当地使用。 ③ 掌握「～どころか」的接续方式和语义，并能够恰当地使用。

2. 拓展教学提示

（1）通过小组讨论等方式，思考如何结合日本人、日本文化的特点对日传播中国文化。

(2)以单元2的课文为基础，通过小组讨论等方式思考如何解决成果主义中出现的问题。

三、教学重点

（一）词汇教学重点

1. 痛手を受ける

在日语的固定搭配表达中，身体部位经常会被用到，其中，"手"的出现频率又是较高的，体现了语言的经济性原则，即用更少的词汇量表达丰富的意义，这与我国古典诗歌美学中所推崇的"言有尽而意无穷"有异曲同工之处。另外，固定搭配中多用身体部位词也体现了人类语言中"以已知言未知"的原则，用自己身边的具体事物描述抽象的现象是全人类语言的共通之处，如汉语的"立竿见影"，英语的"sofa/couch potato"，日语的「顔が広い」都属于此类情况。教师本单元教学中可以向学生介绍这些语言学上有意思的理论和现象，引导学生继续通过查找资料和搜集例子的方法，发现和总结这些语言现象。下面是日语中使用到"手"的固定表达。

手に入れる／手を出す／手が出ない／赤子の手を捻る／あの手この手／大手を振る……

（二）语法教学重点

1. Ｖっこない〈不可能〉（→ 条目1）

该句式表达说话人强烈的否定，用于家人、朋友、同事等关系较为亲密的人之间的对话。经常与「どうせ」「なんて」「なんか」等搭配使用。意为「絶対に〜ない／〜はずがない」。一般前接可能动词或非自主动词。接自主动词时，不用于说话人自身的动作。

(1)私の頭ではどうせ**理解できっこない**。

(2)どんなに急いだって、今からじゃ**間に合いっこない**。

(3)今の私には、結婚なんて**できっこない**。

(4)作家になんて、**なれっこない**よ。

(5)優秀な人材なんて、ウチには**来てくれっこない**。

(6)いくら彼女に聞いても、本当のことなんか**言いっこない**。

2. ～てたまらない〈极端的心理、生理状态〉（→ 条目2）

　　a.「～てたまらない」与第二册第11课学过的「～てしかたがない」、第三册第5课学习过的「～てならない」都表达说话人无法抑制的强烈的感觉、感情。其中「～てたまらない」和「～てしかたがない」主要用于口语中，「～てならない」用于书面语。

　　(1) 子どものことが心配{○でたまらない　○でならない　○でしかたがない}。

　　b.「～てたまらない」由动词「堪る」而来，其否定形「たまらない」表达"难以忍受"的意思，所以与表达身体感受的「痛い／腹がすく」等经常一起使用。「思える／思い出される／見える／聞こえる／泣ける」等表达自发感情的动词后面不使用「～てたまらない」，这是需要特别注意的地方。

　　(2) この曲を聴くと、昔のことが思い出され{??てたまらない　○てならない　○てしかたがない}。

　　(3) ネットの書き込みが当事者にとって厳しすぎるように思えて{??てたまらない　○てならない　○てしかたがない}。

　　(4) 私にはこの言葉が皮肉に聞こえて{??てたまらない　○てならない　○てしかたがない}。

　　c. 这三个句式表达的都是说话人的心理状态，如果要表达第三人称的感觉、感情，需要在句末加「らしい／そうだ／みたいだ／ようだ」等形式。如：

　　(5) あの子は、自転車が**欲しくてたまらないようだ**。

　　d. 学习者受到母语的影响，经常在「慌てる／焦る／怒る／笑う／泣く／感動する」等动词的后面接这三种形式，表达"……得不得了"的意思，这是不自然的说法，需要提醒。

　　(6) ??突然質問されて慌てて{たまらない／ならない／しかたがない}。

　　(7) ??その映画を見て感動して{たまらない／ならない／しかたがない}。

　　上面这样的句子可以使用程度副词和相关的动词。如：

　　(8) 突然質問されて非常に慌て（てい）た。

　　(9) その映画を見て超感動した。

3. Vざるをえない＜不情愿的选择＞（→ 条目3）

　　a. 表达由于受到外部的压力而不得不做某事（不得已而为之），或者根据某种状况判断只能得出某种结论。多用于书面语。前接サ变动词时，为「せざるをえない」，需要特别提醒学生注意。

(1) 多くの人が震災で**避難せざるをえなかった**。
(2) こんな状況で、何も対策を取らないのは**無責任と言わざるをえない**。

b. 根据制度上的规定或义务应该做某事时，要用「～なければならない」，不用「～ざるをえない」。

(3) 我々は、自然環境を守ら｛×ざるをえない ○なければならない｝。
(4) 車を運転するには免許を取ら｛×ざるをえない ○なければならない｝。
(5) この一年を振り返って、本当に皆さんに感謝｛×せざるをえません ○しなければなりません｝。

c. 「～（する）しかない」（第三册第7课）也表达别无选择、只能做某事的意思，但侧重于表达说话人自身的判断和选择，更多用于口语。

(6) ベストを尽くしてあとは結果を｛○**待つしかない** ×待たざるをえない｝。
(7) 研究をしたいなら大学院に｛○**進むしかない** ×進まざるをえない｝だろう。

d. 「Vざるをえない」和「Vず（ない）にはいられない」（第三册第7课）都表达不可避免的动作行为，但是前者是因事情的发展变化等外部原因造成的不可避免，后者是因感觉或感情等内部原因造成的不可避免。

(8) その写真を見ると、涙を流さ｛×ざるをえない ○ずにはいられない｝。
(9) 甘いものを見ると、食べ｛×ざるをえない ○ずにはいられない｝。

1. ～かといえば／かというと〈与事实相反〉（→ 条目4）

第三册第6课曾经学过表示设问的「疑问词＋～かというと」的句式，其后句需是对设问的回答，如(1)(2)。

(1) なぜ行かなかった**かというと**、時間がなかったからだ。
(2) 私はどちら**かというと**犬派です。

本课学习的「～かといえば／かというと」与上述不同，前句是以问句的形式提出一个前提，后句叙述否定性判断。

(3) お金さえあれば幸せになれる**かといえば**、決してそうではない。
(4) 優勝は絶対に無理**かといえば**そんなことはない。
(5) この対話が両国関係改善に直結する**かというと**、そう単純ではない。

2. Nを余儀なくされる〈被迫〉（→ 条目5）

该句式表达由于某一原因被迫不得不做某事，主语为人。当原因做主语时，则需

使用句式「Nを余儀なくさせた」，表达某一原因使人被迫做某事。
均为较生硬的说法，用于新闻报道或书面语。
(1)元日の地震は多くの住民に避難生活を**余儀なくさせた**。
(2)台風の上陸がイベントの中止を**余儀なくさせた**。
(3)雑誌に報じられたスキャンダルが、大臣に辞職を**余儀なくさせた**。

3. ～どころか〈相反〉（→ 条目6）
该句式有两个用法：
a. 表达与预期或期待完全相反的事实，强调二者之间差距巨大。相当于汉语的"别说……，甚至……"，"哪里……，反而……"。
(1)最近収入が減り、貯金**どころか**毎月マイナスだ。
(2)歌は下手**どころか**とてもうまい。
(3)ダイエットをしているのに痩せる**どころか**体重が増えている。
b. 表达后句的程度比前句更加严重，相当于汉语的"岂止……，连……"，"……自不用说，甚至……"。
(4)住所**どころか**、名前さえ分からない。
(5)エアコン**どころか**扇風機もなかった時代だ。
由于有以上两种用法，所以下面两句都可以说。
(6)会費は安い**どころか**、高くて驚いた。（完全相反）
(7)会費は安い**どころか**、無料だった。（程度増加）

四、教材练习答案

①

A　内容確認
(1)中国のことを叔父さんと叔父さんの友達に説明して欲しいと頼みました。
(2)難しいから、引き受けられないと答えました。
(3)断れませんでした。おじさんは強引な人だから。
(4)劉さんは引き受けることになりました。
(5)王さんは引き受けることになりました。三好さんを応援したいから。
(6)友達に来られたから、遅れてきました。
(7)「学、だらしがないぞ、遅刻してお待たせするなんて」と言いました。
(8)三好さんは「はい……。劉さん、王さん、ごめんなさい」と言いました。
(9)はい。思っています。

(10) 叔父さんは資料をコピーしたいから。
(11) いいえ、伝えませんでした。
(12) はい、提案をしました。座談会の形で進めることを提案しました。
(13) 王さんは一方的に話すことに自信がないから、その提案に賛成しました。
(14) 大会議室でした。
(15) 質問者Aは漢字を書けば大体通じるかどうかについて質問しました。
(16) 質問者は劉さんの説明を聞いてやはり中国語を勉強しておく必要があると考えました。
(17) 質問者は「『シルクロード』って通じますか」という質問をしました。
(18) ガイドブックにピンインがついていないことに気づきました。
(19) 「西安というのは唐の長安と同じ場所なのですか」という質問をしました。
(20) 「現在の西安とは少し場所的に異なる」と答えました。断定しませんでした。

B 文法練習

1.
 (1) Vっこない
  ①今出発しても間に合いっこない
  ②こんな雨じゃ、駅まで歩いて行けっこない
  ③全国のスピーチ大会に出場することは
 (2) ～てたまらない
  ①を見たせいか、電子辞書がほしくてたまらなくなった
  ②彼がそう話してくれてうれしくてたまらなかった
  ③彼女が社長になったのは
 (3) Vざるを得ない
  ①現実ですから受け入れざるを得ません
  ②家族に反対されたので留学をあきらめざるを得なかった
  ③嫌な仕事でもし
 (4) Nにそって/にそう
  ①資料にそって説明する
  ②計画にそって順調に進んで
  ③経済を発展させている

C 会話練習

☞ ポイント1

ここをおさえよう！

(1)三好さんはゼミのあとで吉田先生にレポートの提出を明日へと許可してほしいとお願いしました。
(2)吉田先生は三好さんのお願いに「またですか。期限は守らなければいけませんよ」と言って怒りました。
(3)三好さんはこの会話で「すみません」「申し訳ありません」と言って謝罪しました。
(4)吉田先生は「5時までに持って来るように」と三好さんに指示しました。
(5)「……ええっ！？　どうしよう……」からみると、三好さんのレポートの提出は今日は無理かもしれません。

♣ 言ってみよう！

回答例

(1)申し訳ありません。電話が長引いちゃって。
(2)やばい。ごめん。急にクラブの友達に映画に誘われて。ごめん、許して。
(3)申し訳ありません。どのように書いたらいいかわからなくて……、申し訳ありません。

☞ ポイント2

ここをおさえよう！

(1)下線部①②④は断定を回避している表現です。①②は王さん本人が韓国語を知らないので、断定できないため、断定表現を避けています。④も未経験なので、断定せず、推量にとどめています。
(2)朴さんも婉曲的な断定回避の表現を使っています。これは責任を回避するためではなく、中国人から見て韓国語が楽に勉強できるかは、朴さんの知らないことなので、やはり断定を避けています。

♣ 言ってみよう！

(1)たぶん、「人気」という語は日本語から中国語に入った言葉だろうと思う。
　　たぶん/おそらく～だろう
　　もしかすると/したら～かもしれない

(2) ええと、きっとよい参考文献があるんじゃないか（ある）と思う。
　　きっと/必ず～あるんじゃないか・あると思う
　　もしかすると/したら→あるんじゃないかな
(3) うーん、たぶん、一生懸命練習すれば上手になるはずだ（だろう）と思います。
　　たぶん/おそらく～上手になるだろう・はずだ
　　きっと～上手になるんじゃないか

ユニット2

A 内容確認

(1) 成果主義システムを導入する改革に直面しました。
(2) 時代遅れになった日本型経営を捨てること；人件費の圧縮によって、コスト削減ができること。
(3) 社内を活性化させるカギになっているから。
(4) 産業界をリードする企業ほど、積極的に成果主義を導入していることがわかった。
(5) 経済が長期低迷することを指します。
(6) いいえ、実現できません。
(7) 評価結果に対する本人の納得が得られない；評価によって勤労意欲の低下を招く；個人業績を重視するため、グループやチームの作業に支障ができる。
(8) 心の病を抱えること。
(9) 若年層は中高年の管理職層から一方的に成果を要求され、競争を課され、しかも支配する側のステイタスは永遠に得られない。
(10) 中高年の管理職層のこと。
(11) 中高年層の「既得権」を破壊し、意識改革を迫ることが必要だ。
(12) 成果主義を導入することで、これまでの年功序列的な意識を改革する必要がある。

B 文法練習

1.
　　(1) ～中（で）
　　　　①周囲がうるさい、人
　　　　②就活を進める、自分の強みは交渉力
　　　　③物価の上昇

(2) ～ほど
　　①苦しい時ほど笑顔で頑張りたいものだ
　　②できる人ほど謙虚で努力を惜しまないものだ
　　③人に優しくなる
(3) V（よ）う
　　①この主張に対しては反論もあろう
　　②今後もっと大きな舞台で活躍できよう
　　③国民の生活の質
(4) ～かと言えば/かというと
　　①歌がうまければ誰でも歌手になれる
　　②本当に留学に行きたいかというと
　　③あまり好きではない
(5) Nを余儀なくされる
　　①予算不足のため変更を余儀なくされた
　　②不況で工場の閉鎖を余儀なくされた
　　③辞任
(6) ～どころか
　　①優勝どころか一回戦で負けてしまった
　　②謝るどころか逆ギレしてきた
　　③水さえ飲めない
(7) ～に至る/に至って
　　①販売中止に至った経緯
　　②価値感の相違からついに婚約解消に至った
　　③環境問題の深刻さ

五、学习手册答案

会話文のまとめ

　三好さんの叔父さんたちが中国旅行をするため、三好さんの友人の中国人留学生から旅行前に解説を受けたいと、三好さんは頼まれていた。それを聞いて会場に向かった劉さんと王さんは、中日同形異義語による筆談の難しさや、地名の中日での読み方の違い、唐の時代の長安などについて質問を受け、答えていく。50人への30分程度の質問会が盛況に終わり、みんなで打ち上げ会場へと移動する。

第7課　説明

読解文のまとめ

　1990年代前半から、日本企業は人件費圧縮のために、時代遅れになった「年功序列・終身雇用」を捨て、欧米型の成果主義による賃金制度を導入し始めた。ところが「失われた10年」という言葉や2001年の「就労条件総合調査」結果からわかるように、意欲も生産性も向上しなかったという実態が明らかになった。2007年の同調査からは成果主義の定着は見られるが、評価への不満や意欲の低下、チームワークの乱れなどの問題が残ったままだ。また、2006年の社会経済生産性本部による調査や厚生労働省の労災請求件数の統計から、心の病を抱える社員が増加していることがわかるが、筆者はこれを成果主義がもたらしたストレスと関係づけている。解決策として筆者は管理職の資質向上と、企業内の世代間ギャップの解消を提起している。

実力を試そう

　省略

テスト

I. 文字・語彙・文法

1. (1)しょうこ　　(2)しゃざい　　(3)ほうしん　　　　　　(4)いご
　 (5)しじつ　　　(6)こくそ　　　(7)ねんこうじょれつ　　(8)あっしゅく
　 (9)さら　　　　(10)じゃくねんそう

2. (1)象徴　　(2)交渉　　(3)非難　　(4)試行錯誤　　(5)順調　　(6)婉曲
　 (7)模索　　(8)傾向　　(9)渦　　　(10)恐縮

3. (1) d　(2) c　(3) b　(4) a　(5) d　(6) c　(7) a　(8) b　(9) d　(10) d

4. (1)からの　　(2)には　　(3)には　　(4)だけ　　(5)まで　　(6)に　　(7)に
　 (8)に　　　　(9)ほど　　(10)には

5. (1) d　(2) a　(3) d　(4) c　(5) d　(6) d　(7) c　(8) b　(9) a　(10) a

6. (1)気がついた
　 (2)お気をつけください（気をつけてください）

（3）気になって
（4）気にする
（5）気が済む
（6）気が短い

7.（1）a （2）c （3）a （4）c （5）a （6）b （7）c （8）b （9）b （10）a

Ⅱ．聴解
1.（1）× （2）○ （3）× （4）○ （5）○
2.（1）③ （2）② （3）② （4）③

Ⅲ．読解
省略

六、学习手册听力录音稿

実力を試そう
中国語教室の講師のアルバイトの面接で自己紹介してください。

1. 録音を聴いて、内容と合っていれば○、合っていなければ、×を書きなさい。

女性：日本に留学に来て思うんだけど、日本のいろいろなものって、中国とやっぱりすごく関係があるわよね。

男性：うん、そうだね。中国と日本は親戚だと言っても過言ではないだろうね。

女性：まず、文字でしょ。中国の文字は、漢字でもってその体系を成しているでしょ。

男性：日本の文字も漢字はもちろん、平仮名やカタカナも、もともとは漢字だからね。

女性：次に食べ物ね。両国ともお箸を使って、お米を食べるじゃない？それにお茶も飲むし。

男性：でも、同じばかりじゃないよね。やっぱりそれぞれの味があるよ。例えば、マーボー豆腐。

女性：そうそう。びっくりしちゃったわよ。私は四川省生まれだから、特に。

男性：日本のはあんまり辛くないんだもんね。前に甘いのも食べたことがあるよ。

女性：そういえば、昔、中国へ留学していた日本の友達が、同じカップラーメン

なのに、日本のと中国のとでは味が全然違うって言ってたわ。
男性：民族によってそれぞれの舌が違うってことだね。
女性：日本の中でも、関東と関西では違うっていうものね。
男性：関西は薄味で、関東は濃いんだよね。
女性：だから一口に、中華料理といっても、広東料理、四川料理などの味が違うのは言うまでもないことね。

2. 次の問題の文を聴いて、それに対する正しい返答を、①〜③の中から一つ選びなさい。
（1）A：この度は、ご迷惑をおかけして申し訳ありませんでした。
　　　B：①何とおわび申し上げて良いか。
　　　　②おわびの言葉もございません。
　　　　③いや、気にしないでください。
（2）A：私のミスで、課長にご迷惑をおかけして、申し訳ございませんでした。
　　　B：①お詫びのしようもございません。
　　　　②二度とこんな失敗はしないことね。
　　　　③以後気をつけます。
（3）A：あんな大きなミスをしちゃって、もうみんなにあわせる顔がないよ。
　　　B：①お仕事中、申し訳ないのですが。
　　　　②済んでしまったことは仕方がないじゃないか。
　　　　③今、お時間よろしいでしょうか。
（4）A：ご無理は承知しておりますが、そこをなんとかお願いできないでしょうか。
　　　B：①突然に伺いまして、大変申し訳ございません。
　　　　②いいお返事をお待ちしております。
　　　　③困りましたねえ。少し考えさせてください。

七、课文翻译

①讲解

三　好：那个，有个事想和你商量一下。我叔叔要和他的朋友去西安，然后再到敦煌旅游。

王　　：丝绸之路挺受欢迎的，电视上也经常介绍。

三　好：我叔叔也学了点儿汉语，他说在旅行前想请中国学生帮着辅导辅导。

刘　　：辅导辅导……那我可不行。

三　好：我叔叔说："你不是有不少朋友吗，就靠你了"，他可强势了，我没辙，不好拒绝，就……

王　　：就？你不会就答应了吧？

三　好：实在不好意思……叔叔说大家都是第一次去中国，也没和中国人说过话，心里实在没底。对不起，抱歉！

刘　　：真是的！真拿你没办法……那，什么时候？

三　好：啊，太感谢了！叔叔说周六周日都行，听你们的。

刘　　：那就下个星期的周六或周日吧。

王　　：我好像也得去吧，周日的话正好也不用打工。

三　好：总算搞定了！

（在市民会馆里。三人约好先见面可三好迟到了，三人在开始前5分钟赶到了这里。）

三　好：叔叔，我们来得有点儿晚，抱歉！突然有朋友来找我……（对二人说）这是我叔叔。叔叔，这是刘芳和王宇翔。

叔　叔：我是三好学的叔叔。（递名片）休息日还打搅你们实在不好意思，今天就麻烦你们了。

刘、王：也请您多关照。

叔　叔：阿学，你不像话啊，自己迟到了让人家等着……

三　好：哎呀……刘芳、王宇翔，对不起！

叔　叔：来朋友了就迟到，这不是理由。对不起啊，阿学总是这样给大家添麻烦吧。

王　　：是啊……啊，没有。

三　好：我以后一定注意。

叔　叔：阿学，资料呢？我去复印吧。

三　好：啊？资料？没，没什么资料吧？

刘　　：嗯……

叔　叔：我不是说先请二位讲半小时左右吗？

王　　：讲话？

叔　叔：你没跟人家讲清楚吧？

三　好：这样啊……啊，这么说……

刘　　：这样吧，三好你来主持，请大家提问怎么样？我们根据大家提出的问题来讲，可能好讲些。

王　　：是啊，让我一个人讲，我也没信心。
叔　叔：是吗，全是这边没安排好，实在抱歉。时间快到了，我们差不多开始吧。阿学，会场是三层的大会议室，带大家去吧。
三　好：大会议室？
叔　叔：今天算上不去旅行的人，总共50来人。
三　好：50人？哇，怎么办！

（在大会议室）

A　　：中国是汉字的国家，我听说写汉字就基本上能沟通，是这样吧？
刘　　：嗯，怎么说呢……比如写了"手纸"给人看，人家会以为你是想要厕纸呢。
A　　：啊！那可挺麻烦的。类似的例子还有吗？
刘　　：嗯……应该说有很多中日意思不同的汉字音读词，对了，比如说"告诉"就是"告知、通知"的意思，还有"娘"是母亲的意思……
A　　：哦，原来是这样啊。看来不先学一些是不行啊。
B　　：请问，我说「シルクロード」，别人能明白吗？
王　　：那恐怕不行。"西安""敦煌"如果不按汉语的发音说，别人也不懂。
B　　：是吧……啊，导游指南上没标注拼音！
C　　：请问，西安和唐朝的长安是一个地方吗？
王　　：嗯……一般认为，长安和现在的西安在位置上略有不同。
C　　：遣唐使阿倍仲麻吕在长安见过李白吗？
刘　　：也许见过，但好像没有史实上的证据。

（在回去的路上）

三　好：今天真是太感谢你们了。能让大家满意多亏你们俩了。好，一会儿我带你们去庆祝一下。
刘、王：太好了！

ユニット2 从"论资排辈"到"绩效主义"

　　日本企业开始引入绩效制（绩效主义）是从90年代上半期开始的。随着泡沫经济的破裂，各个公司受到了重创，这促使它们在两个方面进行改革。一方面，日本特有的"年功序列、终身雇用"管理体系所带来的信心被击溃，公司开始摸索新的模式取而代之。另一方面，简单地说，面对业绩低迷，通过压缩人员开支来减少成本成为至关重要的任务。

　　绩效制能满足这两个要求。以丰厚的薪水和更高的职位奖励那些努力工作的员

工，这种欧美式的管理方法十分合理且高效，能够激发员工的积极性。如果一个组织成为这样的集体，生产力自然会提升。此外，定期加薪的成本会减少，对那些不努力的员工实行降薪也变得可行，总体来看，用于人员的费用还是减少了。最终，那些"无用"的员工看不到希望而主动离开公司，对于公司来说，这"正中下怀"。

因此，摒弃过时的日本式管理模式，尽快引入基于绩效的薪酬制度被认为是激活公司内部运营的关键。

果真，这一制度迅速得到了推广。据厚生劳动省的"就业条件综合调查"，2001年"实行业绩考核制度且作用于薪酬的企业"已达到所有企业的45.7%，尤其是员工数在1000人以上的大企业，这一比例达到了78.2%，在300至999人的中型企业中也达到了71.0%。我们可以看到，越是在业界领先的企业，越积极引入这一制度。

但是，这是否意味着企业就能够制定出发展策略呢？并非如此。正如"失去的十年"这一说法所象征的，企业长期处于低迷状态。尽管经济大环境本身低迷是一个原因，但绩效制的引入无疑加剧了这一状况。

据上述"就业条件综合调查"（2001年），认为业绩考核制度"运行良好"的企业仅占10.6%。其问题点包括"员工对考核的满意度不高"（32.9%）、"考核导致员工工作积极性下降"（26.5%）、"员工间薪酬差距增大"（25.5%）等（可多选）。非但没有激发积极性，反而导致了一线混乱，打击了员工干劲，拖了公司后腿。

（中略）

那么今天绩效制情况如何呢？

根2007年的"就业条件综合调查"，"实行业绩考核制度的企业"比例为45.6%，与2001年的调查相比几乎没有变化。但是，在员工数1000人以上的大企业中，这一比例增至82.5%。其中，"运行良好"的企业比例翻倍增至20%。经历了试错，绩效制作为一种管理模式终于稳定了下来。

然而，"本人对于考核结果的满意度不高"（28.5%）、"考核导致工作积极性下降"（22.9%）等问题依然存在。此外，"过分重视个人业绩，导致团队或小组工作受到影响"的问题也时有发生（13.1%）。

更令人担忧的是员工的心理健康问题。社会经济生产率本部在2006年的调查中发现，过去3年内"员工心理健康问题呈增加趋势"的企业超过60%。从年龄段来看，出现问题最多的是处于最能干的30多岁这一阶段。此外，员工因心理健康问题休息一个月以上的企业增至约75%。该本部分析，公司内部沟通不够以及责任与自主权不平衡或许是其中的原因之一。

据厚生劳动省的数据，与精神疾患相关的工伤申请数量逐年大幅增加，2006年度比前一年度增加了约25%，达到819件。其中，导致自杀的案例有176件。这些结果与

绩效制的引入不无关系，无疑给员工带来了巨大压力。

然而，事到如今开弓没有回头箭，为了减少这些代价，进一步完善绩效制势在必行。前文提到的城繁幸先生经历了在富士通的痛苦煎熬后指出"对年轻人进行考核的中老年管理层的自身素质极为重要"。但他也指出"引入绩效制的企业存在代沟"，并表示"年轻人被享受年功制的一代人单方面要求业绩，并被施加竞争压力，而他们却永远无法获得掌控方的地位。即便在公司这样的组织中继续干下去，他们也看不到未来的希望"［《日本式"绩效主义"的可能性》（东洋经济新报社）］。

如果不能回到年功制，那么打破中老年阶层的"既得利益"并促使他们改变意识，可能是唯一让年轻人得到回报的方式。

《27人的惊人讨论》"日本议题"编辑部编 文艺春秋

第8課　発表

一、教学目标
1. 掌握日语演讲的特征和固定表达方式。
2. 理解具有说服力的文章的写作特点，并可以加以运用。

二、语言知识点、学习重点及拓展教学提示

1. 语言知识点及学习重点

ユニット1

语言知识点	学习重点
① Nなり＜相应的状态、行为＞ ② Vる/Vている/Vた限り（では）＜范围＞ ③ Vたいところだが＜难以实现的愿望＞	① 理解「Nなり」的语义，并能够在恰当场合下运用。 ② 掌握「Vる/Vている/Vた限り（では）」的用法，并能够区分三者之间的不同。 ③ 掌握「Vたいところだが」的用法，并能够恰当地使用。

ユニット2

语言知识点	学习重点
① ～からには＜既然＞ ② ～はもとより＜代表性事物＞ ③ たとえ～ても＜让步＞ ④ Nだらけ＜遍布的状态＞ ⑤ ～というものではない＜否定意见＞ ⑥ かといって＜转折＞ ⑦ ～にほかならない＜强调别无他选的判断＞ ⑧ ～というより＜选择更合适的表达方式＞ ⑨ Nによっては＜可能性＞ ⑩ Nに反して＜违背＞	① 掌握「～からには」的接续方式和语义，并能够恰当地使用。 ② 理解「たとえ～ても」的语义，并能够恰当地使用。 ③ 掌握「～というものではない」的语义，并能够恰当地使用。 ④ 掌握「かといって」的接续方式和语义，并能够恰当地使用。 ⑤ 掌握「Vかねる」的接续方式和语义，并能够恰当地使用。

⑪ Vかねる＜困难＞ ⑫ ～あまり＜程度高＞ ⑬ ～に越したことはない＜最佳方案＞ ⑭ ～に際して＜时间＞ ⑮ Vるにつけ＜每当＞ ⑯ ～か～ないかのうちに＜前后动作＞ ⑰ Nを込めて＜凝聚＞ ⑱ ～次第だ＜说明＞	⑥梳理「Nによって」的用法，掌握「Nによっては」的接续方式和语义，并能够恰当地使用。 ⑦掌握「～か～ないかのうちに」的接续方式和语义，区别相似表达，并能够恰当地使用。

2. 拓展教学提示

(1) 参考单元1课文内容，尝试用日语做关于中国文化、社会方面的演讲。

(2) 以单元2的课文为抓手，通过小组讨论等方式尝试完成用日语一篇调查报告。

三、教学重点

（一）词汇教学重点

1. 誤字脱字だらけ

「だらけ」通常接在名词之后，表示"全是，满是"，在日语中有一个跟「だらけ」意义非常接近的表达「～まみれ」，也表示"全是，满是"之意，教师要提醒学生注意二者的不同之处。「だらけ」与「まみれ」最主要不同，在于前接词的不同，「だらけ」通常接固体类名词（「誤字脱字／泥だらけ」），进而引申为前接抽象类名词（「借金／間違いだらけ」），而「まみれ」更倾向于前接液体类名词，暗含"成片的……"之意（「血／汗まみれ」）。

（二）语法教学重点

1. Nなり〈相应的状态、行为〉（→ 📖 条目1）

a. 讲授这个句式时，需要提醒学生注意其包含的"承认其存在缺点或局限性"的语感。可以利用下面的句子对比讲解：

(1) 李さんとしては頑張った。（积极评价其充分的努力）

(2) 李さん**なり**に頑張った。（包含一定辩解的语气："虽不充分，结果尚可"）

b. 教学时可以将教材例句（4）稍做解释。「それなり」表示"相应"的意思，补充以下例句：
　　（3）薄い本だが、**それなりの**わかりやすさがある。
　　（4）習ったことは、すべて**それなりに**役に立っている。

2. Vたいところだが〈难以实现的愿望〉（→ 条目3）
　　由「ところ」构成的句式迄今为止我们见过多次，建议做一个总结复习。第3课学习了表示转折的「Vたところで」，第2册学过表示动作阶段的「〜ところだ」。这里再补充一个句式「Vるところだった」，表示"差点儿就要完成某动作、达成某种结果"的意思，这是一种反事实的表达方式。例如：
　　（1）急に飛んできた子供と**ぶつかるところだった**。
　　（2）道に迷って、**帰ってこれなくなるところだった**。

1. 前后句的逻辑连接（→ 条目1，3，6）
　　本课集中学习了一些连接前后句的句式，根据逻辑关系，可以分为：让步条件「〜からには」「たとえ〜ても」，转折「かといって」「〜というより」。教学过程中，可以归纳讲解。重点关注近义句式的意义及用法区别，例如「〜からには」和「たとえ〜ても」都表示让步关系，但「〜からには」通常是既成事实或既定条件，而「たとえ〜ても」则表示假定的条件。和之前学习过的「が、けれども、でも、しかし」等单纯表示转折关系的连词（或助词）相比，「かといって」附加了更丰富的语义，包含着充分肯定前项所述事实的意义。
　　教学中建议充分利用课文，先让学生自行找出课文中作者如何利用连接句式严谨地表达自己的逻辑，然后让学生模仿造句进行练习，体味日语中句子、段落的连接方式。

2. 〜はもとより〈代表性事物〉（→ 条目2）
　　a.「〜はもとより」和第三册学过的「〜はもちろん」含义基本相同，「〜はもとより」的语感更正式一些。
　　（1）留学の時は、パスポートはもちろん、生活必需品も持っていってね。
　　b. 除了教材中的用法之外，「もとより」本身还可以作为副词使用，表示"一开始就……""本来……"的意思。例如：
　　（2）人間**はもとより**孤独な生き物だ。

（3）成功**は**もとより日々の努力の積み重ねである。

3. Nだらけ＜遍布的状态＞（→📖条目4）

　　a. 多数情况下，「だらけ」前接的是表示贬义色彩的事物，如「間違い、埃、泥、ごみ、傷、矛盾」等等。也有一些特殊情况：这个事物本身未必是不好的东西，但遍布的状态令说话人感到不快、不满时，也可使用「だらけ」。例如：

　　（1）なんだこの**漫画だらけ**の部屋。もう踏み場ないよ。

　　b. 教学中可以酌情补充另一个近似的句式「Nまみれ」，同样表示"满是……"，但侧重于描述脏污大面积附着的状态，常用于身体或衣物。例如：

　　（2）**油まみれ**の手を洗剤で洗う。

　　（3）ケガをして服が**血まみれ**になった。

　　「まみれ」前接的名词通常为表示"脏污"类的事物，因此，「漫画まみれの部屋」不成立（对比以上例句1）。

4. 反映说话人立场的句末表达方式（→📖条目5，7，13，18）

　　本单元集中出现了一些反映说话人立场的句末表达：「～というものではない＜否定意见＞」「～にほかならない＜强调别无他选的判断＞」「～に越したことはない＜最佳方案＞」「～次第だ＜说明＞」。课堂教学中，教师可给出一个思辨性的题目（如「大学生はアルバイトをするべきか」「あなたが親なら、小学生の子供にスマートフォンを持たせるか」），让学生选择一个立场，分别使用上述句式表达自己的见解，有意识地培养学生的逻辑思维能力和表达能力。

5. ～というより＜选择更合适的表达方式＞（→📖条目8）

　　a.「～というより」在使用时，后句句首有时会出现副词「むしろ」（"不如……"）与之呼应，以加强语气。例如：

　　（1）あの人は天才**というより**、むしろ頑張り屋だ。

　　b.「～というより」也用于反驳对方的观点。比起直接否定「Aではない。Bだ」，「Aというより、Bだ」更加委婉一些，比较顾及对方的感受。在日语教学的中高阶段，不妨加强引导学生不仅要产出"合法"的句子，更要产出"合用"的表达，维持良好的交流沟通。

6. Vかねる＜困难＞（→📖条目11）

　　a.「Vかねる」和动词可能态（或可能动词）的否定形均可以表达"不能……"

的意思，学生有可能会混淆，教学中可以进行一些补充说明。

　　首先，从语义上看，「Ｖかねる」表达由于某种原因的限制，无法实现该动作，并非不具备动作的能力；而动词可能态（或可能动词）的否定形可以用于表达说话人不具备这种能力。可参考以下例句：

　　(1) ほかの人もいますので、ここではちょっと**話しかねます**。（不便于讲话）
　　(2) 彼はフランス語が話せない。　　　　　（不会说法语）

　　另外，从语感上来讲，「Ｖかねる」语气比较委婉，在商务会话场景中经常出现。这种场合下，使用「できない」就显得很生硬，不是恰当的表达方式。

　　(3) 衛生上の都合、お買い求めた商品は**お取り替えしかねます**。

　　b.「Ｖかねる」还有一些惯用的表达，教学过程中可视学生接受能力适当扩充。

　　(4) 見るに**見かねて**、おばあさんの荷物も背負ってあげた。（看不下去）
　　(5) **待ちかねていた**葉書は届いた。　　　　（久等）
　　(6) **たまりかねて**泣き出した。　　　　　　（无法忍受）

7. ～あまり＜程度高＞（→ 📖 条目12）

　　此句式中，后项的叙述往往是由于前项事项程度甚高、自然而然形成的结果，一般不用主观意愿表达。如果要表述由于前项事态发展，引发某人做出后项的决定时，可以使用另一个句式「～あげく」。参考以下例句：

　　(1) 悩んだ**あまり**、病気になった。
　　(2) ×悩んだあまり、大学を中退することにした。
　　　　⇒悩んだあげく、大学を中退することにした。

8. Ｖるにつけ＜每当＞（→ 📖 条目15）

　　该句式与第二册学过的句式「Ｖるたびに」意义近似，表示"每当"，但「Ｖるにつけ」的使用范围比「Ｖるたびに」小，前项动词通常是表示思维感受的动词，后项是由此引发的情感或心理状态，而「Ｖるたびに」没有这样的限制。而且，从语感上来看，「Ｖるにつけ」更为文雅。试比较以下句子：

　　(1) 卒業写真を見る**につけ**、中学時代が思い出される。
　　(2) ×兄が旅行するにつけ、お土産を買ってきてくれる。
　　　　⇒ 兄が旅行するたびに、お土産を買ってきてくれる。

9. ～次第だ＜说明＞（→ 📖 条目18）

　　除教材中表示"说明"的用法外，「次第」常见的还有以下用法，教学中可视情

况补充：

　　a.「V 連用形+次第」，表示"一……就……"，前项为自然发生的情况，后项为说话人有意识采取的行动。一般用于描述将要发生之事，不用于已发生的事实。例如：

　　(1)雨が**やみ次第**、出発します。

　　(2)×連休が**始まり次第**、旅行に行った。

　　b.「N次第」，表示所述情况因N而变化，即"全凭……" "取决于……"。可以有「N次第で」「N次第だ」等用法。

　　(3)将来はどうなるか、自分の**努力次第だ**。

　　(4)旅行は**相手次第で**、楽しさもあれば退屈さもある。

四、教材练习答案

A　内容確認

(1)大山さんのゼミ発表のテーマは「日本人のペット観の変化」です。

(2)日本人がペットを飼う実態にどんな変化があるか、その実態を知りたいからです。

(3)いいえ、言えません。世論調査の結果からは急増している傾向が見られないからです。

(4)「日本においてペットを飼う人が増加している背景には、急速な少子化や核家族化が要因として働いていると考えられる」と述べています。

(5)犬や猫は増えているが、鳥や魚は横ばいになっています。

(6)急速な少子化や核家族化が要因として働いていると、大山さんは考えています。

(7)今後は、近年になって犬や猫のペットロボットの販売が活発化してきましたので、その売上状況や開発背景などにも目を向けつつ、資料の収集と分析をさらに進めていきたいと考えています。

(8)動物と人を対等に見ようという考え方を表しています。

(9)欧米で生まれたペット観が日本でも定着しているかどうかについての点です。

(10)参考文献を読み直して他の先行研究にも当たってみたいと考えています。

B 文法練習

1.
   (1) Nなり
       ①自分のペースで自分なりに楽しみ
       ②あの子は自分なりに頑張っている
       ③楽しみ方
   (2) Vる/Vている/Vた 限りでは
       ①私の調べた限りでは
       ②限りではあの人が帰国したのは確か5年前だ
       ③李さんは日本へ留学に行ったそうだ
   (3) Vたいところだが
       ①レストランが今日のオープンなのでぜひ行きたい
       ②注文した本が届いたからすぐ読みたいところですが
       ③すぐ駆けつけ

C 会話練習

☞ ポイント1
ここをおさえよう！
(1) 挨拶：おはようございます
(2) 発表開始：それでは、始めさせていただきます
(3) テーマの紹介：私のテーマは、「アジアのポップカルチャーにおける沖縄音楽」です。
(4) テーマを選んだ動機やねらい：このテーマを選んだ動機は、以前、空手部の試合で沖縄に行き、そこで実際に音楽が様々な人に根付いていることと、沖縄の音楽が中国だけでなく、アジア全体と深い関係にあることを知ったことです。
(5) 発表の流れの説明：では、レジュメの2に移ります。では、レジュメの3にまいります。
(6) 配布資料の確認：資料の1をご覧ください。
(7) 資料の参照を促し、説明する：最初に沖縄音楽を聴いてください。次は〜、今度は〜、
(8) 発表の結論を述べる：以上より、沖縄の音楽は伝統的にアジアにおけるポップミュージックの発信源となっており、現在も発信し続けていることがわかると考えます。

(9) 今後の見通しなどを述べ、発表の終了を述べる：これからも、このテーマを研究したいと思います。以上で発表を終わります。
(10) 質疑応答を受け付ける：ご質問がありましたら、よろしくお願いいたします。
(11) 終わりの挨拶をする：ありがとうございました。

☞ ポイント2
ここをおさえよう！
　王さんが実際に体験したり考えたこと：
　（以前、空手部の試合で沖縄に行ったのですが、沖縄では音楽が人々に根付いている様子を実際に見て、驚きました。）
　（実際に那覇国際大の部員の方と交流して、本当にそう感じました。）
　（〜この調査結果を見てもよくわかります。）
　（つまり、沖縄の音楽はアジアの音楽と伝統的に深い関係にあるとともに現在も音楽を新たに発信し続けていることが言えそうです。）
　他の人から聞いたり参考文献から引用したこと：
　〈また沖縄の音楽が中国だけでなく、アジア全体と深い関係にあると聞きました。〉
　〈この『沖縄の音楽と島歌』という本によると、沖縄の音楽は、古来日本だけでなく東アジア全体の音楽と関連付けて把握できるそうです。〉
　〈伝統音楽と現代音楽が自然に混ざっていると聞いていました。〉

♣ 言ってみよう！
(1) この資料によると、問題は都市の発展にあると考えられる。
(2) 新聞によると、このような現象は日本では決して珍しくないらしい。
(3) 先週買った雑誌によると、日本人は中華料理が大好きみたいだ。
(4) ネットニュースによると、首相の意見に賛成する人は少ないそうだ。
(5) 先生の話によると、日本人は勤勉らしい。
(6) 友人の話によると、お寿司は中国でもよく見られるようになったそうだ。
(7) 最近出た本によると、日本語から中国に入った漢語もたくさんあると考えられる。
(8) 留学生から聞いた話によると、中国では大学でも昼寝の習慣があるそうだ。
(9) 政府の調査結果によると、日本の多くの大学生はアルバイトやボランティア活動をしていると思われる。

(10)今回の共同声明によると、環境問題は、もはや1カ国だけの問題ではないと考えられる。

　　解説：(4)の場合：少ないそうだ：資料に基づいて伝聞情報を述べる文
　　　　　　　　　　少なそうだ：資料に基づいて推論を述べる文
　　　　　　　　　ただし、具体的な数字が出ている場合は、伝聞情報レベル場合に限られる。

A　内容確認

(1)説得力があることが重要です。

(2)内容も言葉も読み手の理解と信頼が得られる文章です。

(3)(1)内容の質が重要です。(2)内容の質が的確に言語化されている必要があります。(3)読み手の理解を得るために、読みやすさを備えていることが肝要です。

(4)5つあります。

(5)日本語の文章とほぼ同じですが、違うところは二つあります。その一、日本語と違って、断定的な表現を使った方が主張が明晰になります。その二、接続語はあまり使いません。前後の文脈を通して、論理性を示すことが多いです。

(6)(1)内容の質が重要です。

　　(2)内容の質が的確に言語化されている必要があります。
　　　①必要以上の一方的な断定を避けること。
　　　②むやみに話し言葉を挿入せず、文体を統一する。
　　　③重々しい文言や冗漫な説明を避けること。
　　　④適切に接続語を用いて、読み手に論理の流れを示すこと。
　　(3)読み手の理解を得るために、読みやすさを備えていることが肝要です。
　　(4)剽窃は行ってはいけません。

B　文法練習

1.
　　(1)～からには
　　　　①人間であるからには
　　　　②出場するからには結果を出したい
　　　　③ゆっくりと名所旧跡を回りたい

第8課　発表

(2) ～はもとより
　①この小説は日本ではもとより
　②機能はもとより、デザインにも
　③周りの人も
(3) V（よ）う
　①たとえ自分が悪くなくても
　②たとえ冗談でも、相手の傷つくこと
　③連絡を取り合いましょう
(4) Nだらけ
　①あの教科書は間違いだらけで
　②パソコンを開いてみたら埃だらけ
　③不可解なこと
(5) ～というものではない
　①機能が多ければいいというものではない
　②でもお金で解決できるというものではありません
　③品格が高い
(6) かといって
　①かといって勉強する気にもなりません
　②かといって捨てるわけにもいかず
　③忙しいという
(7) ～にほかならない
　①失敗とは成功への第一歩にほかならない
　②相手の心にメッセージを届けることにほかならない
　③日々の努力の結果
(8) ～というより
　①にぎやかというよりうるさいくらい
　②新幹線は走るというより飛んでゆく感じ
　③天才
(9) Nによっては
　①不動産屋によっては1日単位で
　②レストランによっては、お酒の持ち込みを許可する
　③1時間以上待つ可能性があります

(10) Nに反して
　　①予想に反して円相場は上昇している
　　②作者の意図に反して、あのキャラは読者
　　③決戦で負けてしまった
(11) Vかねる
　　①どうも納得しかねる
　　②どこにするか決めかねている
　　③今回の事件
(12) 〜あまり
　　①緊張のあまり声が出なかった
　　②心配のあまりなかなか眠れなかった
　　③一日中ドラマを見ていました
(13) 〜に越したことはない
　　①価格が安いに越したことはない
　　②自分の目で見て確かめるに越したことはない
　　③語学を勉強したいなら、ネイティブの人と実際に交流する
(14) 〜に際して
　　①ご契約に際しては
　　②引越しに際してはいろいろな手続きが必要となる
　　③試験会場に入る
(15) Vるにつけ
　　①この写真を見るにつけ
　　②月日の経つのは早いと思うにつけ
　　③美味しいケーキを食べる
(16) 〜か〜ないかのうちに
　　①ノックするかしないかのうちに
　　②ベルが鳴り終わるか終わらないかのうちに
　　③次の問題がまた出てきた
(17) Nを込めて
　　①心を込めて歌った
　　②感謝の気持ちを込めて
　　③1日も早く元気になるように

(18) ～次第だ
　　①親善大使として日本に来た次第
　　②自分がいろいろ勘違いしていたことに気がついた
　　③電車に遅れた

五、学习手册答案
会話文のまとめ
　米田先生の2年生向け社会学基礎セミナーで、心理学科の大山さんが、現代日本社会の問題解明を目的に、「日本人のペット観」について文献調査結果を報告している。
　ペットの飼育実態に関する世論調査や他の調査結果から、ペットの飼育率は80年代から非常に緩やかな増加傾向にあり、ペットの種類は犬と猫が増加し、鳥や魚が減少していると報告している。さらにペット飼育に関する意識調査から、ペット増加は少子化や核家族化が要因だろうと仮説を立てている。中西さんから欧米の動物観が宗教も文化も異なる日本で定着することについて疑問が投げかけられ、大山さんはさらなる調査が必要だと答えている。

実力を試そう
　本日はこのようなヒマワリ保育園を訪問する機会がいただけ、誠にありがたく存じております。
　先ほど私たちが到着した際には、教職員の皆様をはじめ、かわいらしい園児の皆さんも、中国語で"你好"と言って玄関でお出迎えくださいました。私たちは皆さんのあふれる友情に胸を熱くしております。このような心のこもった歓迎に対しても、心から厚くお礼を申し上げます。
　園児一人一人が元気いっぱいでかわいらしく、きらきらと輝いた目でいらっしゃいますね。このヒマワリ保育園で皆さんがすくすくと成長するようにお祈りしています。
　帰国したら、皆さんの友情と心の温もりを中国の子どもたちにも伝えたいと思います。いつかぜひ中国にいらしてください。
　簡単ではございますが、以上を持ちまして、お礼の言葉といたします。どうもありがとうございました。

Ⅰ．文字・語彙・文法

1. (1) うしなう、そうしつかん
   (2) のぞく、さくじょ
   (3) こうかい、くい
   (4) かたむける、けいこう
   (5) あたいする、かち
   (6) しゅしょう、てそう
   (7) なさけない、じょうきょう
   (8) すべる、こっけい
   (9) しろうと、すなお、そしつ
   (10) やわらぐ、わしょく、やまとみんぞく

2. (1) 実態　(2) 用　(3) 参照　(4) 著　(5) 的確　(6) 比率　(7) 増加
   (8) 促　(9) 見通し　(10) 定着

3. (1) b　(2) d　(3) c　(4) d　(5) b　(6) b　(7) a　(8) c　(9) a　(10) c

4. (1) b　(2) a　(3) c　(4) d　(5) c

5. (1) b　(2) d　(3) c　(4) d　(5) a

6. (1) a　(2) b　(3) c　(4) a　(5) d　(6) a　(7) a　(8) b　(9) c　(10) c
   (11) c　(12) d　(13) b　(14) b　(15) c　(16) a　(17) c　(18) c　(19) d　(20) d

7. (1) d　(2) d　(3) c　(4) b　(5) a　(6) a　(7) c　(8) d　(9) c　(10) c

Ⅱ．聴解

1. (1) c　(2) c
2. (1) ○　(2) ×　(3) ○　(4) ×
3. (1) ②　(2) ③　(3) ②

Ⅲ．読解

生成型AI在教学和学习中使用注意事项：

（1）不能直接将AI的回答用于学习报告等，这样做对自己的学习没有任何帮助。

（2）部分课程禁止使用AI，并且在某些情况下可能被视为抄袭。

（3）基于AI的工作原理，需要注意其输出内容的可信度。即使在调查研究学习中使用AI，由于输出内容可能包含错误信息，因此，需要自己仔细核实AI的输出内容是否正确。

（4）轻易将保密信息或个人信息发送至ChatGPT等AI工具是十分危险的。如果将未发布的论文或应当保密的信息（包括个人信息和隐私信息等）发送到生成型AI中，存在意外泄漏的风险，因此需要特别注意。

（5）未来可能会在版权和考试评估方面出现问题。本校要求学位论文和报告必须由学生本人完成，不可以完全使用生成型AI处理来完成这些任务。

视生成型AI为敌简单地禁止使用并不能解决问题。相反，更重要的是要采取行动，找到如何避免问题产生的方法。无论如何，我们正处在一个重大变革的时代，不仅仅是观望这种变化，还应该思考造成大规模语言模型"爆发"的原因，提前预见生成型AI给社会带来的各种变化，并积极寻找良好的应用方法、新技术以及新的法律制度和社会经济体系等。希望大家能够为建设更美好的世界做出贡献。

六、学习手册听力录音稿

実力を試そう

今天，能够有机会访问向日葵幼儿园，我们感到特别高兴。

刚才我们到达这里的时候，各位老师和可爱的小朋友们都在门口迎接我们，并且用汉语欢呼"你好"。你们的深情厚谊使我们感动，心里觉得非常温暖。在此表示衷心的感谢，感谢你们的热情接待。

我们还看到小朋友们个个天真活泼，健康可爱。他们的脸上充满了幸福的笑容。希望小朋友们在这里健康成长。

回国后，我们一定把你们的热情带给中国的小朋友。欢迎你们有机会来中国做客。

我就简单说到这里，再次表示感谢。

1. 録音を聴いて正しいものを一つ選びなさい。

(1)質問：どの資料を配りましたか。

男性：それでは、発表を始めたいと思います。まず、皆さんにお配りした資料についてご説明します。左上を留めてあるものが私の発表レポート

です。テーマは民族音楽です。また、それとは別にお配りした資料の1は、民族楽器の紹介です。色々な国の楽器の図を用意しました。資料2は、民族音楽に対する留学生の意識調査をした結果を円グラフにまとめたものです。また資料3は、国別に民族音楽の種類を表にしたものです。以上の4つの資料、お手元にありますでしょうか。

質問：どの資料を配りましたか。

(2)質問：移動する前と後の図で正しいものはどれでしょうか。

女性：今日は、皆さんに発表してもらいたいと思いますが、今のコの字型では聞きにくいでしょうから、机を全て後ろに寄せて、椅子だけ前に持ってきてください。あ、1つだけ、司会者のために机を前に残しておいてください。

質問：移動する前と後の図で正しいものはどれでしょうか。

2. 録音を聴いて、内容と合っていれば〇、合っていなければ×を書きなさい。

女性：私が見た限りでは、全体的に、みなさんの発表は良かったと思うんですが。いかがでしたか。山中先生。

男性：ええ。まあまあというところでしょう。日本語を2年間勉強しただけなのだという点を考慮に入れれば、大したものでしょう。

女性：特にトミーさんの発表は素晴らしかったと思うのですが。

男性：そうですね。日本のミュージシャンについて、アメリカ音楽の影響が多分にあるという内容でしたね。

女性：私としては、いろいろな資料を調べていたのはもちろんのこと、日本人やアメリカ人に大量のアンケート調査を行い、彼なりに様々な角度から分析を加え、表や図に整理していたのがとても良かったと思います。

男性：そうですね。彼の発表は、意見を支えるためのデータをきちんと集めてきていましたね。自分の意見を主張する場合には、ああいう態度が必要ですね。そういう意味では、キムさんの発表も割としっかりしていましたね。

女性：ええ。確か、韓国語の中に残る漢字と日本語の漢字についての発表でしたね。彼女は文献を良く読み込んでいましたね。

男性：参考文献の中には、専門的な論文も挙がっていましたよ。

女性：ほんと、大したものですよね。

男性：ここまで成長してくれると、教師のとしても嬉しいですね。

女性：ええ、本当に。

第8課　発表

3. テープを聴いて、正しい答えを一つ選びなさい。

(1) 次の会社員と客の話を聴いてください。

社員：こちらがサンプルになりますが、いかがでしょうか。
客　：うーん、正直なことをいうと、もう少し落ち着いた色がいいですね。
社員：落ち着いた色ですね。
客　：今の色だと、軽すぎるんじゃないかと思います。
社員：軽すぎますか……
客　：うん。もう少し濃い色にして、なんというか、和の雰囲気を出してもらえないかな。
社員：和の雰囲気ですか。かしこまりました。もう一度デザイナーと相談させてください。
質問：正しいのはどれですか。
　　　①客は軽いほうがいいと思っている。
　　　②客はこのデザインが気に入らなかった。
　　　③客はデザイナーと相談したいと思っている。
　　　④客はこのデザインは落ち着いている色だからいいと思っている。

(2) 次の中学生の話を聞いてください。

　中学生のうちに、将来就きたい職業を見つけるべきだと言われていますが、私は、この意見に賛成です。
　確かに、中学生は知識や経験が限られているので、見つけた職業が自分の能力や適性に合わないかもしれません。
　しかし、そうなったときにもその時軌道修正する時間の余裕がまだ充分にあります。また、早い段階から目標を立て、準備できるので、実現しやすくなると思います。
　このような考えから、私は中学生のうちに将来の職業を見つけようと思います。
質問：この中学生は、どんなことを重視して話していますか。
　　　①中学生の職業選択の適性について
　　　②中学生の職業選択の注意点について
　　　③中学生が職業を選択しておくメリットについて
　　　④若者の職業選択について

(3) 次のスピーチを聞いてください。

　皆さん、今年もご苦労さまでした。

ご存知のように、海外取引の依存度が高い当社といたしましては、大変きびしい戦いを強いられています。しかしながら、一昨年来、全社を挙げて取り組んできた結果、皆さんのおかげで赤字幅を可能な限り圧縮できました。

　　もとより当社は、業務の拡張よりも社員の生活の保障という会社方針を堅持しており、給与も賞与も前年並みを確保できてきたことは、皆さんご承知の通りであります。

　　「明けない夜はない」のですから、私たちが今後も一丸となって努力を重ねていく限り、必ずや業績がプラスに転じるときがやってくるものと確信しております。

　　今夜は、仕事のことを忘れて、大いに飲んで、食べて、楽しんでください。

　　それでは、社長、乾杯の音頭をお願いいたします。

質問：どういう場でのスピーチですか。

①説明会　　　　　②忘年会　　　　　③営業会議　　　　　④企画会議

七、课文翻译

ユニット1 研讨课上的发言

（这门课是以大学二年级学生为对象的基础社会学的研讨课，每位同学就当今日本的社会现象选择自己感兴趣的课题，查阅文献并在课上汇报调查结果。）

米田老师：大家好像都到齐了，好，大山，开始吧。

大　　山：好的。大家都拿到论文摘要和资料了吗？

桥　　本：我要一份资料可以吗？

大　　山：（把资料递给旁边的同学）请把这个传给桥本。（对大家说）好，我们开始吧。

　　　　　（看着摘要发言）今天我想就日本人宠物观的变化谈一下我调查的结果。在日本早就有媒体报道过"宠物热"这一现象，那么这一现象的现状究竟如何呢？随着时间的推移，日本人饲养宠物的习惯有没有发生变化呢？如果发生了变化，其背后又有哪些主要原因呢？我选择这一题目，是想通过考察以上几点，了解当今日本社会存在的一些问题。

　　　　　我们首先通过民意调查的统计结果来了解一下日本宠物饲养的实际情况以及人们的宠物观，然后就分析结果谈一下我个人的看法。

　　　　　首先是宠物的饲养率，请大家参阅发下去的资料中的图1。

　　　　　在实际调查之前我感觉宠物的数量应该是激增的，但此次调查的结果显示，并没

有显著增加的迹象。不过结合其他调查结果来看，尽管速度缓慢，饲养宠物的人数从80年代到现在还是呈增长趋势。

　　接下来，我们看一下宠物种类的变化，请参阅您手头资料中的图2。图2显示的是对所养宠物的种类进行多选的结果。

　　由该图我们可以看出，宠物犬长期位居榜首，在2000年已达到了63.8%。猫一直保持在20%这一水平上，1990年之后一直呈缓慢上升的趋势，2010年超过了30%。与此不同，鸟和鱼则没有呈现出上升趋势。鸟在1986年的调查中被猫赶超位居第三，此后便一直呈下降趋势，2021年又回升到8.9%。鱼基本持平，一直保持在10%左右。总之，犬和猫不断增加，而鸟和鱼则不同。这一结果显示了日本人对宠物需求的变化。

　　我们再来看一下人们宠物饲养意识方面的调查结果。（省略）
尽管数据十分有限，但通过上述分析我们可以看出，日本饲养宠物的人数增多，这一现象的背后是快速发展的少子化及小家庭化等主要因素在起作用。近年来犬和猫机器宠物的销售得到了很大发展，今后我将着眼于其销售状况和研发背景，进一步收集相关资料并加以分析。我的发言就到这里。（同学们鼓掌）

　　大家有什么建议、问题吗？

中　　西：（举手）听了你的发言，觉得很有意思，谢谢！（大山点头）刚才你谈到了"宠物伙伴"，我想就此提一个问题。

大　　山：好的。

中　　西：这一说法是70年代在美国基于一种"平等看待动物和人"的理念而产生的。（大山点头表示同意。）刚才也谈到了这一说法1985年以后在日本逐渐普及，我觉得由于宗教信仰和文化背景不同，对于人和动物的关系，欧美的想法和日本也不太一致。产生于欧美的宠物观在日本也能被接受吗？

大　　山：嗯，是啊，我也注意到了这一点，但还没有进行充分的考察。参考文献中好像也提到了欧美与日本宠物观差异的问题，我再看一下并查阅一下其他的研究成果。谢谢！（提问继续）

米　　田：（总结）本来还想继续讨论下去，但时间到了。请大山同学再好好琢磨琢磨今天课上提出的问题，把它整理成一篇有说服力的报告。好，今天的课就上到这儿。

ユニット2　如何写出具有说服力的文章

　　既然成为一名大学生，就应当具备撰写符合大学生水平的报告或论文的能力。报告和论文必须具有说服力。那么，什么样的文章才是具有说服力的呢？

首先，内容的质量至关重要。论点需明确，逻辑结构要合理，并且论据和资料必须可信，这是具有说服力的文章的首要条件。

　　其次，这些高质量的内容需要用准确的语言来表达。即使论点、逻辑性和论据都合理，如果充斥着容易引起误读的表达或错别字，读者也无法准确理解论点。

　　此外，为了便于读者理解，文章的可读性也非常关键。仅仅强烈主张是不够的，但也不能过于含蓄。

　　具有说服力的文章应当既能获得读者的理解，也能赢得他们的信任。因此，即便无法像对话那样直接面对面地交流，但仍需重视与读者的沟通。

　　那么，具体应该注意哪些方面呢？下面以日语为例，探讨一下与读者沟通方面的注意事项。

1. 避免不必要的断言

　　一般认为，日语倾向于避免断言，喜欢使用诸如「だろう」「ではないか」「思われる」「考えられる」等模糊的表达。其实这并非"模糊"，而是促使读者进行推理、确认并获得共鸣的一个技巧。尽管在某些语言中，断定的表达方式可能被视为负责任的态度，但在日语中，除非传达显而易见的信息，否则断定的表达方式可能会给读者一种单方面传递信息、不寻求信息共享的态度，反而可能会违背作者的意愿，引发读者的反感。

　　例1：このような意見には賛成しない。

　　例1'：このような意見には賛成しかねるのではなかろうか。

　　与例1相比，例1'没有强烈主张"不同意"的观点，而是促使读者推断并引发共鸣。

2. 统一语体，避免随意插入口语

　　有些学生在文章中会插入敬体形式，这不全是为了增加亲切感，有时也是无意而为之。对于日语母语者来说，看到敬体会感到突然变成了孩子的口吻，显得很奇怪。

　　例2：魯迅は当時の社会をありのままに描いた。<u>この作品を初めて読んだ時、私はちょっと信じられなかったです。</u>しかし読み続けていくうちに、魯迅の願いが少しずつ見えてきたのである。

　　这一句会使文章显得幼稚，削弱文章的严肃性。

3. 避免繁复的文言和冗长的解释

　　中级后期，学生倾向于使用半文言的郑重文体写报告。与内容相比，这种文体过

于庄重，有时会显得不协调甚至滑稽。

  例3：これより魯迅によってものされた『故郷』という世界的に有名な作品を取り上げ、その主題に対する考察を深化させていこうではないか。

  在该例中，「これより」「ものされた」「その主題に対する考察」「深化させて」等表达方式并不适用于大学生的报告，「いこうではないか」也是演讲的口吻。

  此外，对「魯迅によってものされた『故郷』という世界的に有名な作品」等众所周知的信息的过度解释也是没有必要的。重要的是课题和结论，以及得出结论的逻辑性，不必要的信息要尽量避免。上述句子可做如下修改。

  例3'：以下、魯迅の『故郷』の主題とは何かを考察する。

4. 恰当使用连词，向读者展示逻辑关系和脉络

  有些学生认为另起一段后不再需要连词。日语中的连词不仅表示逻辑关系，还引导读者推理和联想，展示接下来的论证方向。在日语中，仅凭换行是不能指明论证方向的，例如：

  例4：～～以上より、国民は将来に向けて、環境破壊とエネルギー確保の相関性に気づくべきである。

    多くの学生はこの問題の重要性に十分に気づいていない。今後は、学生を中心に、若者全体の意識を高める必要がある。

  将第二段开头修改为：

  例4'：しかしながら、多くの学生はこの問題の重要性に十分に気づいていないようである。今後は学生を中心に、若者全体の意識を高めていく必要があろう。

  通过使用连词，表明了转折关系。同时，「ようだ」使前提事项更易于读者理解，从而使观点更具说服力。

  然而，错误使用连词也会招致混乱。

  例5：～以上、日本文学についてまとめてみた。

    さて、私は中古の文学について、次のような考えをもっている。

    中古の物語として有名なのは、『源氏物語』ではないかと思う。

  使用「さて」开头的段落让读者以为即将进入正题，但接下来的「中古の物語として有名なのは『源氏物語』だ」却是极为一般性的陈述，给人一种期待落空的感觉。这是因为「さて」或「ところで」不仅表示话题转换，还包含切入正题的意思。

  因此，连词的恰当使用对文章说服力的影响很大。

5. 绝不剽窃

在准备报告或论文时，我们必然会参考一些文献。当找到答案或好想法时，我们会感到欣喜。但这并不意味着可以擅自将别人的论述引用到自己的文章中。注明引用的出处不仅展现了作者的诚信，同时也是当今世界共同遵守的规则。

教师看到学生的报告中未经授权的拼贴——即"抄袭"时，会感到很遗憾。教师能很快发现这种"抄袭"。据一位大学教师讲，一旦发现抄袭，报告将给不及格。我们应该铭记，未注明出处的引用会使作者失去诚信，是一种可耻的行为。

例6：山田（2010）によると、現在ベトナム人留学生の数が増加しているということである。

例7：この点については、「今後、小学校では英語よりも異文化教育が必要だ（鈴木2011）」という指摘があり、さらに議論を深める必要があろう。

结语

写完文章后，隔一晚第二天再重读一遍是非常重要的。熬夜拼命赶完而并未仔细推敲就提交是非常危险的。为了自己不后悔，应当像读别人的文章一样，冷静地进行推敲修改。

文如其人，希望大家不仅为了读者，同时也为了自己，心怀诚意地写出具有说服力的文章。

第9課　コミュニケーション新時代

一、教学目标
1. 理解购物中的敬语使用，掌握买卖交涉的语言表达。
2. 逻辑清晰地写出自己对某个事物赞成或者反对的意见。

二、语言知识点、学习重点及拓展教学提示

1. 语言知识点及学习重点

ユニット1

语言知识点	学习重点
① お／ご V 願う＜请求＞ ② ～にしては＜判断的前提＞ ③ おまけに＜累加＞ ④ V_1 ないことには V_2 ない＜必要条件＞	① 理解「お／ご V 願う」的语义，并能够在恰当场合下运用。 ② 理解「～にしては」的语义，并能够恰当使用。 ③ 掌握「V_1 ないことには V_2 ない」的用法，并能够恰当地使用。

ユニット2

语言知识点	学习重点
① ～と言っても過言ではない＜不过分的评价＞ ② V るやいなや＜连续发生＞ ③ A_{II} この上ない＜最高程度＞ ④ ～は言うに及ばず＜理所当然＞ ⑤ ～がために＜原因＞	① 理解「V るやいなや」的语义，并能够恰当地使用。 ② 理解「～がために」的语义，并能够恰当使用。

2. 拓展教学提示
(1) 参考单元1课文内容，分角色扮演商家与顾客体验购物场景中的日语表达。
(2) 以单元2的课文为抓手，以小组为单位分成正反两方对某一事物开展辩论。

三、教学重点

（一）语法教学重点

1. ～にしては＜判断的前提＞（→📖条目2）

该句式学生不易掌握，需注意多练习。

「～にしては」与「わりに（は）」都表达现实情况与某基准、标准进行比较后差异较大的意思，有时可换用，但「～にしては」与「～わりに（は）」有很大不同。语法解说中讲解了二者的区分，学生需要较多时间消化。

前接X	XにしてはY	Xわりに（は）Y
	X为前提	X表达程度
X为名词时	不接「年齢、成績、身長、性能、サイズ、高さ、長さ」等尺度义名词。 (1) ×彼女は歳にしては若く見える。 (2) ×彼は身長にしては体重が軽い。	前接「年齢、成績、身長、性能、サイズ、高さ、長さ」等表达尺度义或表达程度义的名词。 (3) 彼女は歳のわりには若く見える。 (4) 彼は身長のわりには体重が軽い。
	可前接表特定的人物或具体数字的名词。 (5) あの人にしては珍しいミスだ。 (6) 50人にしては部屋が狭い。	不接表特定的人物或具体数字的名词。 (7) ×あの人のわりには珍しいミスだ。 (8) ×50人のわりには部屋が狭い。
X为形容词时	不接形容词 (9) ×安いにしてはおいしい。	可接形容词 (10) 安いわりにはおいしい。
X是否确认	X为未确认信息或已确认信息。 (11) あの人は外国人にしては日本語が上手だ。	X为已确认信息。 (12) あの人は外国人のわりには日本語が上手だ。

2. V₁ないことにはV₂ない＜必要条件＞（→📖条目4）

本课中只解释了「～ないことには～ない」前接动词的情况，该句式也可以前接形容词和名词，例句如下：

(1) 資金が**ないことには**事業が始められない。
(2) 業績が**良くないことには**、ボーナスは無理だ。
(3) 身体が**健康でないことには**何もできなくなってしまう。

我们在第三册第8课学习过的「Vてからでないと～ない」也表达必要条件，即"不……就不能……"，但是该句式强调的是前后项在时间上的先后顺序，含有后项

成立还为时尚早，需要前项先成立的含义。注意这两个句式的区分。

(4) この仕事が**終わってからでないと**、帰れない。

(5) 20歳に**なってからでないと**、お酒が飲めない。

1. Vるや否や＜连续发生＞（→ 条目2）

　　a. 第三册第8课学习过的「Vたとたん（に）」也表达前后项几乎同时发生。首先需要注意的是二者前接动词的形式不同。

(1) 彼は授業が｛○終わるやいなや　○終わったとたん｝、教室を飛び出した。

(2) 息子が家に｛○帰るやいなや　○帰ったとたん｝、また出かけていった。

　　b. 「Vたとたん（に）」除书面语外，也可以在口语中使用，强调前句的发生引发了后句的突发结果，带有吃惊、意外的语气。「Vるや否や」偏重表达后项紧跟着前项之后实施或发生，为书面语。

如果前后项不存在契机、诱因的关系，只表达前后项几乎同时发生，则使用「Vるや否や」。

(3) 彼は家に｛○**着くやいなや**　×着いたとたん｝、会社に電話を掛けた。

　　c. 与「Vたとたん（に）」一样，「Vるや否や」也用于表达已发生的事实，后项不使用命令、要求、愿望、否定、推测等表达方式。

(4) ×家に着くやいなや、早く寝たい。

四、教材练习答案

A　内容確認

(1) A4サイズで、軽くて画面が鮮やかで、音質がいいパソコンを探しています。

(2) 値段が高いからです。

(3) 軽さと使いやすさで、老弱男女を問わず人気のあるパソコンです。

(4) 在庫が切れていたからです。

(5) 2番目に店員が勧めたパソコン／最初に店員が勧めたパソコン／現金

(6) 手／手頃／目玉／掘り出し／在庫／値引き

(7) 動画編集を本格的にやって、SNSを使って中国のことを世界に発信したいと思っているからです。

(8)王さんは「コミュニケーションの方向は単方向じゃなくて双方向が主流になると思うんだ」と言っていました。

(9)朴さんです。

B 文法練習

1.
 (1) a (2) a (3) a
 (4) お書き願います

2.
 (1) ①a ②b ③忙しい
 (2) ①a ②a ③かぎを落としてしまった
 (3) ①b ②b ③本当のことがわからない

C 会話練習

☞ ポイント1

ここをおさえよう！

(1) 店員がお客さん夫婦に対して交渉をしているところ：
 おととい入荷したばかりの品ですが、すでに大人気となっております。
 大丈夫です。配達時にお支払いいただければ結構ですし、それに今日、決めていただければ、表示価格より1割引きにいたしますよ。

(2) お客さん夫婦が店員に対して交渉、依頼しているところ：
 食事用のテーブルセットを新しくしようと思ってるんですけど。
 （予定していた金額よりちょっと高くないか。）
 （ちょっと高いし、それに、持ち合わせが足りないわ。）
 直接店員には言っていませんが、店員によく聞こえるように伝えているようです。これは間接的な希望の表現であり、依頼でもあります。

❖ 言ってみよう！

(1) 今すぐ決めていただければ、家賃をお下げすることができますが。
(2) 3個お買いあげいただければ、1万円にいたします。
(3) 希望を言っていただければ、コンピューターでお調べいたします。

第9課　コミュニケーション新時代

☞ ポイント2
ここをおさえよう！
(1) (a) モノ・コトガラへの驚きや怒り、おかしさなどの表出　③⑤⑥
　　(b) 聞き手の言動に対する驚きや疑問、困惑などの表出　④
　　(c) 話し手内部の感情や感覚の表出　①②
(2) 既に疲れていることを改めて感じたから。さらに、まだこれからも診察が続くと聞いて、これからもっと疲れそうだと感じたから。「おやおや」は「おや」を繰り返して強調する言葉。「おや」は意外なことに驚いたり、呆れたりする時の感嘆詞。
(3) 女性です。「きゃーっ」から分かります。

♣ 正しいのはどれ？
(1) わあ
(2) ああ
(3) うーん
(4) えっ
(5) あっ／えっ

A 内容確認
(1) ②
(2) ②
(3) コミュニケーション機能、検索機能
(4) 大学生のレポートにインターネットで得た情報をそのまま文書化したものが多く見られます。
(5) ウエブサイトで公開さている情報は、情報提供者の手を離れ、フリー素材のように見えるからです。

B 文法練習
1.
　(1) 〜と言っても過言ではない
　　　①インターネットが世界を変えた
　　　②上司や同僚とうまく付き合うことも大事な仕事だ

③生活に欠かせないものだ
(2) Vるやいなや
　①新作のソフトは発売されるやいなや人気商品となった
　②家に着くやいなやパソコンに向かっている
　③ソファで横になって
(3) A_{II}この上ない
　①廃業する店ばかりで殺風景この上ない
　②会社にとって好都合この上ないこと
　③退屈
(4) 〜は言うに及ばず
　①食事は言うに及ばず
　②母までサッカーに夢中になっている
　③不可解なこと
(5) 〜がために
　①生活が豊かになったがために
　②占いを信じた、ビジネスチャンスを逃した
　③上司に嫌われた

五、学习手册答案

会話文のまとめ

　北京への帰国が近づく王さんは、朴さん、マイクさん、チャリヤーさんと一緒に電器店でノートパソコンを探していた。王さんの希望はA4サイズで画質と音質が良いものだったが、店員さんが最初に薦めてくれたものは高価で手が出なかった。お買い得な目玉商品は在庫切れで、古いモデルは性能が希望に合わなかった。みんなで交渉した結果、最初の商品を大幅に値引きしてもらえたため、それを購入した。王さんは帰国後、この高性能パソコンで双方向コミュニケーションが可能な情報発信サイトを作ろうと考えている。

読解文のまとめ

　コンピューターの持つ機能の中で最も大きな影響をもたらしたインターネットは、便利な反面、剽窃や知的所有権侵害、信憑性に乏しい情報の氾濫といった問題もある。古瀬・廣瀬は著書『インターネットが変える世界』の中で、インターネットとは物理的・時間的な壁を取り払ってコミュニティに参加するコミュニケーショ

ン手段であるから、自らも情報発信すべきだと述べている。

実力を試そう

尊敬的京华大学张光辉校长、在座的各位老师：

大家好。今天，张光辉校长亲自陪同我们参观了东西大学的校园，不胜感激。刚才张校长介绍了贵校的基本教育理念，我们颇有同感。

听到张校长的介绍，我们了解到贵校在过去的年代里培养出了很多时代的先驱，为中国的建设做出了突出的贡献。对此，我们由衷地钦佩。

贵校拥有大批造诣精深的学者，和对教育事业满腔热情的教师。研究设施和图书馆完备，学生们能够在良好的环境中学习。最令我们印象深刻的是，学生们充分意识到自己即将承担的重任，并且引以为荣，努力学习。他们是保证贵国未来繁荣富强的动力。

日本和中国虽然社会制度不同，但是，教育为社会进步和世界和平培养人才这一点，是完全一致的。希望我们今后能够进一步加深交流。

今天各位在百忙之中为我们安排活动，在此我谨向各位表示衷心的感谢。

最后，祝京华大学有更好的发展。谢谢。

テスト

I. 文字・語彙・文法

1. (1) うけたまわる　しょうち
   (2) はなれる　りべつ
   (3) みぢか　きんきょう
   (4) ないぞう　おおくらしょう
   (5) もちぬし　おもに　しゅりゅう
   (6) こうり　しょうせつ　おがわ
   (7) かるい　きがる　けいりょう
   (8) はかる　かいけい　かけいぼ
   (9) ろうにゃくなんにょ　じゃっかん　わかもの
   (10) むり　ぶなん　うむ　りゆうなし

2. (1) しょうひしゃ　(2) さっかく　(3) うたが　(4) ほ　(5) ねび
   (6) ちょしょ　(7) せいやく　(8) いっぽ　(9) しゅんじ　(10) はっしん

3. (1) a. 支社　　b. 死者　　　　(2) a. 披露　　b. 疲労
　 (3) a. 温室　　b. 音質　　　　(4) a. 医師　　b. 意志
　 (5) a. 使用　　b. 試用　　　　(6) a. 過程　　b. 家庭

4. (1) a　　(2) a　　(3) c　　(4) d

5. (1) や　　(2) で　　(3) で／に　　(4) が　　(5) ずつ　　(6) に　　(7) のには
　 (8) に　　(9) さえ　(10) ほど

6. (1) b　　(2) c　　(3) b　　(4) a　　(5) b
　 (6) b　　(7) a　　(8) d　　(9) d　　(10) b

7. (1) a　　(2) a　　(3) b　　(4) c　　(5) d
　 (6) b　　(7) a　　(8) a　　(9) c　　(10) b

聴解

1. (1) b　　(2) c　　(3) b　　(4) c

2. (1) ○　　(2) ×　　(3) ×　　(4) ×　　(5) ×　　(6) ○　　(7) ○

3. (1) ④　　(2) ②

読解

　　省略

六、学习手册听力录音稿

実力を試そう

　　京華大学張光輝学長
　　ご臨席の先生方
　　本日は張光輝学長自らのご案内で、このように立派なキャンパスを見せてくださり、感謝に堪えません。先程、学長から、貴大学の教育理念をうかがい、多くの点で共感を覚えた次第でございます。
　　先ほどのご説明をうかがって、貴大学が長い歴史の中で、時代の先駆者を輩出

第9課　コミュニケーション新時代

し、中国を支え、築き上げるために、多大な貢献を成し続けてきたことに、敬意の念を深く抱いております。

　貴大学には学問の探究に尽力なさる研究者や、教育の意欲に燃えた教授陣が揃っていらっしゃいます。研究施設や図書館も充実し、環境も実に素晴らしい。ことに印象深かったのは、学生諸君が将来担うべき責務を自覚し、またそれを誇りとして勉学に励んでいる姿でした。彼らこそ国の未来を安心して任せられる原動力と言えるでしょう。

　中国と日本は、社会制度こそ異なりますが、社会の進歩と世界の平和のために「教育が人を作る」という点は共通しています。今後もぜひとも交流を続けていきたいと願う次第であります。

　本日は貴重なお時間を私どものために割いてくださり、ほんとうにありがとうございました。最後に、貴大学のいっそうのご発展をお祈りして、私からのご挨拶とさせていただきます。

1. 録音を聴いて、正しい答えを一つ選びなさい。
　(1) 質問：どれが正しいですか。
　　女性：私は、さっきの意見には反対だわ。
　　男性：どうしたんだい、いきなり。
　　女性：さっきね、インターネットさえあれば何でもできるって言う人がいたのよ。
　　男性：ほ〜。で、君は反論したのかい。
　　女性：ううん。なんだか圧倒されちゃって、何も言えなかったの。でも、できないことのほうが多いってことに今になって気づいて……。
　　男性：なるほど、じゃあ明日また、その人とじっくり話し合ってみるといいよ。
　　女性：ええ、そうね。明日はずばっと言ってやるわ。
　　質問：どれが正しいですか。
　　a. 女性はインターネットさえあればいいと思っている。
　　b. 女性は翌日、直接反対意見を言うつもりである。
　　c. 女性と男性の意見は反対である。
　　d. 女性は男性の意見に納得しているようである。
　(2) 質問：どれが正しいですか。
　　男性：先ほどのご意見ですが、私は反対です。携帯電話の普及がもう私たち

　　　　　の生活を180度変えてしまったじゃありませんか。
　　女性：そんなことを言っても、これはもう上で決まったことですし、今更変更することはできません。
　　男性：こんな馬鹿な話があるものか。ユビキタス社会と言われて久しいこの世の中で、なんだって、携帯電話禁止なんか言い出すんだ。
　　質問：どれが正しいですか。
　　a. 男性は携帯電話禁止に賛成だ。
　　b. 女性は携帯電話禁止に賛成だ。
　　c. 女性と男性の考えは違う。
　　d. この決定は彼らが決めた。

(3) 質問：「ググッてみる」とはどういう意味ですか。
　　女性：ねえねえ。ググッてみようか。
　　男性：何、「ググッて」って。
　　女性：知らないの？グーグルって知ってるでしょ。
　　男性：ああ、インターネットの検索サイトだろう。
　　女性：そうそう。そこから来てるの。「ググッて」はね、グーグルのサイトから、何かを検索するってことなのよ。
　　男性：へ～。外来語に「する」を足して新しい言葉を生み出してるから、日本語のよくあるパターンってわけか。
　　女性：そうそう。「トライする」みたいにね。「グーグルする」が短くなってるのね。あっ、でも、この言葉、若い人はもう使わないみたいよ。当たり前になりすぎたから。
　　男性：えー、僕なんか、流行語だったことも知らなかったのに、もう死語になっちゃったの？
　　質問：「ググッてみる」は、ここではどういう意味ですか。
　　a. 検索サイトのグーグルのことです。
　　b. グーグルのサイトを使って、何かを検索することです。
　　c. 新しい言葉を生み出す日本語のパターンです。
　　d. 「トライする」という意味です。

(4) 質問：男の人はどんな人ですか。
　　　（ピンポーン）
　　女性：はーい。どちらさまですか。

第9課　コミュニケーション新時代

男性：突然お邪魔してすみません。奥様でいらっしゃいますか。冬になってお肌が乾燥してきていらっしゃるのではないでしょうか。今日は、そんな乾燥肌にぴったりの化粧品をお持ちしました。

女性：すみませんが、もう長年使っているものがありますから、けっこうです。

男性：奥様、そう言わずに一度だけお試しになっていただけませんか。たった一度でけっこうですから。

女性：うちは、訪問販売はお断りしているんです。すみませんが帰っていただけますか。

男性：そうですか。それでは、私の名刺を郵便受けに入れておきますので、ご興味がございましたら、ご連絡をお願い致します。

質問：男性はどんな仕事をしている人ですか。

a. 女性のご主人の同僚です。
b. 郵便配達です。
c. 化粧品のセールスマンです。
d. 医者です。

2. 録音を聴いて、内容と合っていれば○、合っていなければ×を書きなさい。

男性：いらっしゃいませ。

女性：こんにちは。この辺りのお部屋を借りたいんですが。

男性：はい、かしこまりました。何かご希望はありますか。実は、皆さんもう少し早い時期にいらっしゃっているので、いい物件は、ほとんどなくなってしまっているのですが……。

女性：ここもやっぱりそうですか。今日はこれで5件目なんですが、4件回っても、気に入ったものがなくて……。

男性：そうですか。いい物件は、上の学年の学生さん達が仲間内で話し合って、出ては入っていくんですよね。

女性：と言いますと。

男性：つまり、4年生の学生さんが卒業とともにお部屋を出られるときに、いい物件は、サークルの後輩なんかと相談して、そこに入れ替わりで契約してしまうってことなんです。

女性：なるほど。私みたいな新入生がこの時期にひょっこり来ても、いい物件はもうすでに押さえられちゃってるってことですね。

男性：そういうことになりますね。ですから、この1年は、ある程度のところで我慢して、来年早い時期にまた探し始めるというのはいかがですか。

女性：そうするしかないようですね。でも他のところで紹介された物件は、どれも高くて、とても手が出なかったですし、安いものになると、安全面があんまりしっかりしていないというし……。

男性：そうですね、女性の一人暮らしですから、やはり安全面はしっかりしていた方がいいですよね。少し学校から遠くなってしまうのですが、お手頃で、確かな物件があるのですが。

女性：ちょっとくらい遠くなってもいいです。安全には変えられないですから。

男性：それでは、さっそくお部屋を見に行かれませんか。

女性：はい。

3. 録音を聴いて、正しい答えをa～dの中から一つ選びなさい。

(1) 先ほど、イヌの散歩は健康にもいいから、イヌ好きなら苦にならない」と反論されましたが、イヌの散歩を自分の健康のためと考えられる人にとってはいいかもしれません。しかし、そうではない人もいるとは考えられませんか。私たちは、自分の健康のためだけにペットを飼っているわけではないのですから、散歩が重労働になることもあると思います。

質問：話の主旨は何ですか。

①イヌの健康と散歩の関係について

②人間の健康について

③重労働について

④イヌの散歩についての意見

(2) ある職場での話です。会議終了後、上司が部下に「机の上、片付けておいて」と言いました。「はい！」と元気に応じた部下でしたが、あとで上司が会議室を見ると、椅子の並び方はバラバラ、ホワイトボードの文字もそのままです。机の上は確かにきれいになっていましたが……。「普通、机を片付けたら他のところもキレイにするだろう！？まったく最近の若い者は気がきかない！」。腹を立てた上司でしたが、部下からは「言われた通りにしたのに。はっきり教えてくれないと分かりませんよ！」と不満をもらされるばかりでした。

　最近、このような話をあちこちで耳にします。ちょっとした指示をしただけなのに、その結果、お互いが不信感を持つようになっては困ります。そう

ならないよう、的確な指示の仕方を押えておきましょう。まずは……

　　質問：この後、どんな話が展開されると予想しますか。
　　　　①机の片付け方
　　　　②的確な指示の出し方
　　　　③正しい部下の教育方法
　　　　④会議前の準備の仕方

七、课文翻译

① 回国准备

（在电器店里。王宇翔和朋友们来买电脑。）

店员：欢迎光临。您要买笔记本电脑吗？

王　：对，我马上要回北京了，想买一台在那里也能用的。

店员：那您把需求说一下，我帮您推荐。

王　：嗯……，最好是A4的，轻便些的，画面清晰、音质较好的，有这样的吗……

店员：有啊，您看这个怎么样？

王　：哦，这个我也考虑过……这个多少钱？

店员：现在这个特价，（把价钱打在计算器上）一步到位，这个价钱怎么样？

王　：嗯，还是挺贵的，这个价钱我买不起。

店员：那我根据您的预算给您介绍别的厂家的产品吧，您能说一下您的预算吗？

王　：大概这么多……（把预算的金额打在计算器上）

店员：好的。那您看这个怎么样？（来到别的厂家的展柜前。）这家的产品轻便好用，男女老少都喜欢。

朴　：就这个价钱来说，音质也不错。

王　：相对来说比较轻，而且价格也能接受，算是物超所值吧……要不就买它吧……好，就是它了！那我要这个了。

店员：谢谢。我去看一下库存。

（店员回来了。）

店员：对不起，这个卖完了。

王　：啊？那得等多长时间？

店员：我问了一下厂家，不凑巧他们说已经停产了。

王　：也就是说即使等也买不到了？

店员：实在对不起，不过还有一台型号老一点儿的，可以便宜很多。

朴 ：那我们就不用特意来这儿了。

王 ：那我们最开始看的那款还有吗？

店员：那种有。

迈克：那种要是也能按这个价钱卖，就好商量了。

店员：啊？这恐怕……

查莉：甭管哪个厂家的，卖了不就行了吗。

店员：您说得对，但各个厂家的价格不一样啊。

王 ：那我付现金怎么样？

店员：嗯……那得跟店长商量一下……

迈克：别浪费时间了，不行我们就赶紧去别的店吧。

店员：好吧，给你们让价，这次可算是大优惠啦！

王 ：真的？

查莉：太好了！王宇翔，太棒了！

店员：谢谢！您回国后，如果有什么问题请跟我们的北京分公司联系，那里可以承办。请您到收银台付款。

（购物后）

王 ：啊，好累啊，不过多亏大家才买到了这么称心的东西。

迈克：真是不错，可你为什么要买这么高配置的电脑呢？

王 ：问得好，我想好好做一下视频编辑，使用各种SNS社区（社交媒体），不断向世界展示和介绍中国。

迈克：是这样啊，可是不是很难啊？还得需要专业知识吧。

王 ：可能吧。但我想今后传递信息不再是大众而是个人之间、交流也不再是单向而是双向的，这将成为主流，我想亲自尝试一下。

迈克：但那要花很多钱吧。

王 ：什么事不去做是不知道的，凡事都要尝试，还是先做做看吧。

朴 ：听上去很有意思，建好了就和我的网站关联吧。

王 ：OK！那我就加油把网站建好。

查莉：呀，王宇翔你太棒了！

迈克：呀，你太棒了！（大家都笑了）

ユニット2 互联网与交流

你一天用几小时手机或电脑？你使用的目的是什么？发布图片或视频、聊天、浏

第9課　コミュニケーション新時代

览网站搜索信息，还是使用文字处理软件（应用）？

在这些诸多功能中对我们的生活影响最大的应说是互联网。通过互联网，我们可以使用社交媒体（SNS社区）或邮件和全世界的人实时交流，轻松获取各种信息。据说如果使用ChatGPT，系统就能生成如真人撰写般的自然的文章。

网络提供的信息不止于文字，还包括影像和声音，令人感到非常真实。一提起互联网，人们首先就会想到信息搜索，因为输入关键词、点击搜索键，瞬间就能轻松获取所需信息。

但是，如此便捷的互联网并非没有问题。

不少大学生把从网上获取的信息直接用于研究报告，这就是其中一例。大学和科研机构的网页上有很多公开的论文，在被称为"博客"的个人日志中也有不少公开的随笔和评论文章，其中有一些信息我们或许希望用到研究报告中。本来，不事先征得同意就擅自使用别人写的东西，毋庸置疑这相当于剽窃，而且由于侵犯了作者的知识产权，还要被追究法律责任。

问题在于那些在网上公开了的信息，它们好像不再属于提供者，感觉像是可以随意使用的材料，因此人们才会将其用于自己的报告，而并不觉得触犯了法律。

有时人们会不加甄别、毫无疑虑地认可网上公开的信息，把那些错误或是充满偏见的信息直接用于研究报告。总之，电脑屏幕这一界面使我们看不到信息提供者，还带给我们一种错觉，认为信息是实时更新的，因而能够轻易使用这些信息。这些都是原因所在。

互联网是一种信息搜索工具，通过互联网可以访问数不胜数的数据库，这也是一种误解。一些人致力于使电脑成为人们交流的工具，他们研发了互联网，其初衷就是要把人与人联系起来。

在日本为互联网建设做出巨大贡献的古濑幸弘和广濑克哉在他们的《互联网改变世界》一书中这样论述到："交流是群体存在的基石，但时至今日交流一直受到物理环境的制约，尽管有学校、公司、区域等群体，但要想加入这以外的群体则非常困难。正是互联网彻底清除了这种时空上的障碍。这里既没有团体间的分隔，也没有国家间的界线。"

古濑等人所说的"群体"是指"对别人的提问，知道的人予以回答，即大家分享知识的这种社会共同体"。他们还谈到"想了解某些事，提问是第一步，由此才会产生交流。也就是说，主动发出信息，互联网才得以维系。"说到底，互联网就是人与人交流的工具，这是他们所提倡的。

第10課　旅立ち

一、教学目标
1. 掌握正式场合下致辞的表达并能够运用。
2. 掌握呼吁表达的特点并能够运用。

二、语言知识点、学习重点及拓展教学提示

1. 语言知识点及学习重点

ユニット1

语言知识点	学习重点
① Nなくしては Vない＜不可或缺的条件＞ ② Vるべく＜目的＞ ③ Nの節は＜时间的限定＞	① 理解「Nなくしては Vない」的语义，并能够在恰当场合下运用。 ② 理解「Vるべく」的语义，并能够恰当使用。 ③ 理解「Nの節は」的用法，并能够恰当地使用。

ユニット2

语言知识点	学习重点
① Nといえるほどのものはない＜委婉的否定判断＞ ② 〜ながらも＜转折＞	① 理解「Nといえるほどのものはない」的语义，并能够恰当地使用。 ② 复习「〜ながら」的用法，理解「〜ながらも」的语义并能够恰当地使用。

2. 拓展教学提示
(1) 参考单元1课文内容，召开班会，在班会上陈述自己对老师和同学的感谢之情。
(2) 以单元2的课文为抓手，给10年后的自己写一封鼓励信。

三、教学重点

（一）词汇教学重点

1. 乗り切る

　　复合动词是日语词汇的一大特点，其中，"动词性要素+动词性要素"组合成的复合动词，更是能够表达出丰富的意义。教师在课堂上可以向同学们系统介绍一下日语的复合动词，并介绍国内外相关研究成果，帮助学生深入了解日语的复合动词，为未来的毕业设计提供思路。

　　影山太郎（1993）中将"动词性要素+动词性要素"形式的复合动词分为"词汇性复合动词"和"语法性复合动词"两种，简单说来，前者的前项动词性要素和后项动词要素在意义上指向同一个主语或宾语（「踏み入れる」），而后者的后项动词性要素则通常在意义上指向前项动词，本单元的「乗り切る」即是这种情况。

　　教师可以在课堂上引导学生思考，复合动词的自他性是否与该词是"词汇性复合动词"或"语法性复合动词"有关联？日语的复合动词在翻译为英语、汉语时会需要哪些翻译策略？这些都是很有意思的课题。

　　另外，本单元的「乗り切る」中的后项动词性要素「〜切る」表示"做完，完成"之意，而日语中类似的表达还有「〜ぬく」「〜終わる」等，这些近义表达中又有怎样的区别？都可以引导学生自主调查得出结论。简单说来，「〜切る」倾向于表达"前项动作完成"，注重结果；「〜ぬく」则含有"经过长时间努力终于完成"之意，侧重点在过程；「〜終わる」通常前接他动词要素，指前项动词性要素所指向的主语或宾语在动作的作用下"消失，完成"。

（二）语法教学重点

1. Vるべく〈目的〉（→ 📖 条目2）

　　文言助动词「べし」可以表示推测、意志、可能、义务、命令、劝诱等。「べく」是「べし」的连用形，其连体形是「べき」。接「する」时有「するべく」「すべく」两种形式。

　　a.「Vるべく」表目的时，后项通常是事实的陈述，不能是请求、命令等主观意志较强的表达。

　　(1)○人手不足という問題を解決するべく、緊急会議が開かれた。

(2)×人手不足という問題を解決するべく、緊急会議を開いてください。

b.「Vるべく」比「ために」书面语色彩更强，语感较为生硬，一般不用于描述日常琐事。

(3)×料理中、砂糖がないことに気づいて、それを買うべくスーパーに行った。
⇒料理中、砂糖がないことに気づいて、それを買うためにスーパーに行った。

2. Nの節は〈时间的限定〉（→ 条目3）

除了教材中给出的「その節」之外，致辞或者正式邮件、信函中表示"那时候"还可以用「その際」或「その折」。其区别为：「その節」通常用于过去发生的事情，「その際」通常用于未来将要发生的事情。例如：

(1)**その節は**誠に申し訳ございませんでした。

(2)**その節は**お手数をおかけしました。

(3)報告書はこちらでお書き直しいたします。**その際**は改めて内容をお伝えいたします。

(4)もしキャンセル料が発生するようなら、**その際**はきちんとお支払いします。

「その折」既可用于叙述过去，也可表示未来，偏重于"趁着那个机会"的意思。例如：

(5)友人が遊びに来るというので、**その折には**一緒に食事にでも行こうという誘いをしておいた。

ユニット 2

1. Nといえるほどのものはない〈委婉的否定判断〉（→ 条目1）

「Nといえるほどのものはない」委婉地表达了说话人的否定性说明。委婉的表达方式是日语的特色，教学中可以适当扩展，归纳补充一些类似的句式，帮助学生理解如何礼貌地表达自己的否定意见：

(1)「～とは言い過ぎです」：この料理は最高だとは言い過ぎですが、確かに美味しかったです。

(2)「～には遠い」：完璧な日本語を話すレベルに達するにはまだ遠いです。

(3)「～とは（或なんて）思ってもいません」：私の作品がこの賞を受賞するなんて、思ってもいませんでした。

(4)「～とは存じ上げません」：私の力だけでこのプロジェクトが成功したとは存じ上げません。チームの皆さんのおかげです。

2. ～ながらも＜转折＞（→条目2）

　　a. 除了教材中的「～ながらも」的形式，「～ながら」亦能表示转折。例如：

　　（1）あの人はおっちょこちょいながら、思いやりのあるやさしさも持ち合わせている。

　　b. 教学时可以复习「～ながら」的用法，提醒学生注意不同用法的接续。「～ながら」接在动词第一连用形后，表示两个动作同时进行；也可接在二类形容词词干后面，用作对后续事项的铺垫，例如：

　　（2）残念ながら、書類審査は不合格でした。

　　（3）勝手ながら、本日は休ませていただきます。

四、教材练习答案

ユニット 1

A 内容確認

(1)

お礼を言う相手	お礼の順番	感謝していること
日本人のクラスメート	3	日本語を教えてくれたこと；授業後、一緒におしゃべりをすること
指導教官	2	時には厳しく、時には優しく指導してくれたこと
空手部の仲間	5	かけがえのない思い出を作ることができたこと
パーティーの主催者	1	歓送会を開いてくれたこと
留学生の友だち	4	いつも温かい手を差し伸べてくれたこと

(2) 今まで勉強してきた日本語は通じるのか、友だちはできるのかと心配していました。

(3) 中日の架け橋となるべく頑張っていきたいと考えています。

(4) じーんと来ちゃった。

(5) 留学生歓送会をお開きとさせていただきます。

(6) 高橋さんのお父さん、お母さんと弟さん。

(7) 高橋さん、渡辺さん、李東さん、鈴木さん。

B 文法練習

1.
　　(1) Nなくしては Vない

　　　①チャレンジ精神なくしては、何も生まれてこない

②相手を思いやる気持ちなくしては、決し一人前
③今回の大会で優勝することができない
(2) Vるべく
①翻訳の資格を取る、頑張っている
②両親に留学試験に合格したことを伝える
③あの会社で就職した
(3) Nの節は
①ご希望の節は、遠慮なくお申し出下さい
②お見かけの節は至急ご連絡ください
③あらかじめお知らせください

C 会話練習
☞ ポイント1
ここをおさえよう！
(1) 言いよどみの部分：
あのう、先輩、い、今、ちょっとよろしいでしょうか
えーっと、んー、今日の稽古のことなんですが、あのう、
あ、あ、それから、もう一つあるんですが
あのー、えーと、何と言っていいか……、そのう……。
はい、あーあのですね
(2) 話したいこと（稽古を休むこと、空手部をやめること）が言いにくいから。
解説
日本人は自分の気持ちを伝えると、相手が意外に思う、気分が悪くなる、相手が怒るなどと言う場合、言い淀みをしながら、言い難い気持ちをわかってほしいと表現します。この点は中国語話者と異なるかもしれません。

☞ ポイント2
ここをおさえよう！
「～したいと思います」は、「お願いする・頼む・求める」ことを希望するという表現です。そのため、実際にはまだ「お願いして・頼んで・求めて」いないことを表すため、「お願いする・頼む・求める」とは決まっていない、という意味だと考えられます。しかし、いきなり「お願い…」をすると失礼にあたると考え、遠慮した表現だとも受け取れます。このような場合もよくあります。

例：直接的：私と結婚してください。
　　　間接的：あなたと結婚したいです。
　　　さらに間接的：あなたと結婚したいと思います。

☞ ポイント３
(1)「いたっ」「からっ」の元の形は「痛い」、「辛い」です。
(2)任せておけ＝任せておきなさい

♣ 言ってみよう！- 1
回答例：
①さむっ　　②あぶない　　③かわいい　　④おもっ

♣ 言ってみよう！- 2
①あつっ
②つめたっ
③あまっ／まずっ
④こわっ
⑤にがっ

☞ ポイント４
(1)ビジネスマナーとして取引先からの電話の場合、自社の社員に対して敬称を使わないのは正しいです。
(2)②（　）には「かしこまりました」が入ります。
(3)③「お伝えして」は話し手（社員Ｂ）のお客さんに対する敬語です。

♣ 言ってみよう！
①王⇒木村先生／木村先生は王の指導教官
　王：先生、ぜひ中国に遊びにいらしてください。またお会いできるのを楽しみにお待ちしております。
②王⇒潤くん
　王：中国に遊びに来てね。また会おうね（また会えるのが楽しみだよ。）。
③王⇒高橋さんのお父さん、お母さん
　王：ぜひ中国に遊びに来てください。またお会いできるのを楽しみに待っています（が楽しみです）。

A 内容確認

1.

　＜A＞

　(1)気持をわかってくれるとか、つき合いやすいとか、約束を守ってくれるとかです。

　(2)人間関係がうまく作れないことです。

　＜B＞

　(1)常に問題意識をもって、それを行動に結び付けていってほしい。

　(2)自信、それから自分を大事にすること。

　＜C＞

　(1)　（〇）社会に流されたり迎合したりしないこと

　＜D＞

　(1)本を読むことです。

　(2)国外から日本とか自分を見つめ直してほしいです。

　(3)失意する時に、趣味は自分を助けれくれるからです。

2.

　＜A＞：好きなことを見つけて、好きにやるのがいいと思います。

　＜B＞：やっぱり「命の尊厳」ということ。そして、今の平和な世の中を、より平和にしていくために自分がどう関わっていくか、考えてほしいですね。

　＜C＞：これからの若い人には、社会の正しい構成員になるよう努力するだけじゃ.なくて、世界がものすごいスピードで雪崩を起こしている時にも、ときどき空の上から、こっちの方向に流れてるんだなっていうくらいの自由な感覚を持っていて欲しい。

　＜D＞：第一は、本を読むこと。第二は、二十歳前後しかできないのは語学なんですよ。第三はですね、生涯自分の友とできる趣味を作ること。

B 文法練習

1.
  (1) Nといえるほどのものはない
      ①珍しいといえるほどの料理はございません
      ②研究成果といえるほどのものはありませんでした
      ③お時間のある時に、ぜひ見てください
  (2) ～ながらも
      ①小さい、自分の店を持つことができました
      ②いろいろ迷いながらも彼と別れる決心をした
      ③運動する時間はなかなか取れない

五、学习手册答案

会話文のまとめ

　前期の授業後に留学生課主催で開かれた歓送パーティーで王さんがスピーチをする。来日した8月を振り返りながら、留学生課や先生方を含めた大学関係者や、ゼミや空手部に所属する友人、他の留学生に感謝を伝え、帰国後も中日の架け橋となるべく頑張ることで恩返ししたいと述べた。スピーチの後、木村さんやマリーさん、先生と歓談し、励まされる。帰国日は高橋さんの家族が空港までお見送りしてくれ、北京空港では高橋さんたちが迎えに来てくれていた。

読解文のキーワード、キーフレーズ

参考例
A. 社会、人間関係、誠実さ、人脈、好きなことを好きにやる、迷うのもいい、人生無駄なことはない
B. 命の尊厳、平和への関わり、個の確立、現状に甘んじない、問題意識を行動に結びつける努力、自分を好きになる
C. 個人として社会をどう生きるか、流されも迎合もしないことへのこだわり、自由な感覚
D. 本を読むこと、先人が残した知恵、二つの外国語、留学、友と生涯できる趣味

テスト
I. 文字・語彙・文法

1. (1) かりる　しゃくよう
   (2) むれ　　ばつぐん
   (3) いとなむ　えいぎょう
   (4) たえる　にんたいりょく
   (5) うしなう　しつい
   (6) みやげ　　しゅっさん　どだい
   (7) くやむ　くやしい　こうかい
   (8) さかん　おおもり　せいだい
   (9) なおす　まっすぐ　ちょくぜん
   (10) つく　とうちゃく　みずぎ
   (11) こまかい　ほそい　しょうさい
   (12) わらう　ほほえみ　えがお　びしょう

2. (1) 備　　(2) 抱　　(3) 微力　　(4) 解消　　(5) 貴重
   (6) 不可解　(7) 人脈　(8) 無駄　(9) 挫折　(10) 窮屈
   (11) 型破り　(12) 審査　(13) 司会者　(14) 無鉄砲　(15) 優勝

3. (1) d　(2) c　(3) a　(4) c

4. (1) d　(2) c　(3) b　(4) a　(5) b　(6) c　(7) a　(8) b
   (9) c　(10) d

5. (1) に　(2) で　(3) では　(4) には　(5) や　(6) ほど　(7) には
   (8) で　(9) と　(10) で

6. (1) d　(2) c　(3) a　(4) d　(5) a　(6) b　(7) c　(8) b
   (9) a　(10) b

7. (1) c　(2) a　(3) a　(4) d　(5) b　(6) c　(7) a　(8) b
   (9) a　(10) a

聴解

1. (1) b　　(2) c　　(3) c
2. (1) ×　　(2) ○　　(3) ○　　(4) ×　　(5) ○

読解

省略

六、学习手册听力录音稿

実力を試そう

20歳の自分へのメッセージ

1) さまざまな経験をしておけ

　働き始めると時間がなく、自由に動けなくなる。だから、海外にも国内にも旅行して見聞を広めておくほうがいい。イベントに誘われたら一緒に行ってみるなど経験を増やしておけば、後ですべての経験がつながるようになるだろう。

2) 自分の好きなことを仕事にしている大人に積極的に会いに行け

　有名、無名にかかわらず会ってみること。毎日を活き活きと過ごしている人から受ける影響や刺激は計り知れない。講演や書籍で間接的に会ってもいいだろう。

3) 友人を大切にしろ

　長く付き合える友人は最高の財産になる。自分が困った時には友人が助けてくれ、友人が困った時には自分が助けてあげる。友情とはそういうものだ。そうやって友情を育みあえば人生がより厚みのあるものになるだろう。

4) 自分の長所を活かせ

　自分の長所は、自分が飽きずにいつまでもやれることから探せるはずだ。称賛されたり、褒められたりすることにも、きっと長所が見つかるだろう。長所を探して見つけるのも自分、長所を大きく伸ばすのも自分だ。

5) 人の意見を否定するな、ただし自分独自の意見は持っておけ

　人の意見を最初から否定しないほうがいい。人によって意見が違うのは当然なのだから、人の意見に興味を持つことで自分の世界を広げていけ。しかし参考にするだけではダメだ。自分の頭でちゃんと考えることも忘れるな。

6) コツコツやり続けろ、必ず形になるから

　継続は力なり。努力は裏切らない。必ずチャンスがやってくるから、その日を待ちながらやり続けろ。

1. 録音を聴いて、正しい答えをa～dの中から一つ選びなさい。

(1) 質問：このスピーチはどのような場面ですか。

本日はお忙しいところ、このような心温まる会を開いてくださり、ありがとうございます。

赴任先の上海は、世界の経済を見てもとりわけ重要な都市のひとつです。その活気あふれる環境で仕事ができるのですから、辞令が出た際には身に余る喜びを感じたと共に、その責任の大きさにずっしりとプレッシャーも覚えました。

しかし、本日、皆様から温かい激励の言葉をいただくにつれ、そのプレッシャーが、良い意味での緊張感に少しずつ変わってまいりました。皆様のご期待を裏切ることのないよう、上海でも誠心誠意、全力を尽くしてまいる所存でございます。

本日はありがとうございました。

質問：このスピーチはどのような場面ですか。

　　　a. 転勤の歓迎会
　　　b. 転勤の送別会
　　　c. 中国代表団の歓迎会
　　　d. 中国代表団の送別会

(2) 質問：挨拶をしたのは、どんな人ですか。

本日は、私たち新人のためにこのような立派な入社式を開いてくださり、心より感謝いたします。また、社長をはじめ、先輩方から温かい励ましのお言葉をいただき、心よりありがたく思っております。昔から「若いうちの苦労は買ってでもしろ」と言われます。この言葉を念頭に置き、日々の苦労も新人の特権であり、努力成長の糧になると信じて、一日も早く先輩方に追いつけるように努力してまいります。

まだ右も左もわからない未熟な私たちですが、どうぞご指導のほどよろしくお願いいたします。

以上、簡単ではございますが、新入社員一同の謝辞とさせていただきます。本日は誠にありがとうございました。

質問：挨拶をしたのは、どんな人ですか。

　　　a. 社長
　　　b. 部長
　　　c. 新入社員の代表
　　　d. 先輩社員の代表

(3) 質問：挨拶をしているのは、どんな人ですか。

みなさん、ご卒業おめでとうございます。保護者の皆様方にも、お子様の成長ぶりがまぶしく映っていることと存じます。

今日でみなさんは６年間過ごした富士見小学校とお別れします。修学旅行や運動会、遠足など楽しかった思い出もたくさんあるでしょう。先生に叱られたり、友だちとけんかしたりしたこともあったでしょう。別々の中学校に進んでも、思い出と友情は永遠に続きます。この富士見小学校で学んだことは、これからの人生に大いに役立つはずです。

中学生になっても、努力することの大切さや周りの方々への感謝の気持ちを忘れずに、いっそう高く羽ばたいていくことを願い、私の祝辞とさせていただきます。

質問：挨拶をしているのは、どんな人ですか。
  a. 小学生
  b. 生徒の親
  c. 小学校の校長
  d. 中学の先生

2. 録音を聴いて、内容と合っていれば○、合っていなければ、×を書きなさい。

男性：それでは、今から一年の締めくくり、忘年会を始めたいと思います。今からお一人ずつ今年一年を振り返ったうえで、新しい一年に向かっての希望や目標を話してもらいたいと思います。では、劉さんからどうぞ。

女性：はい。「初めまして」と、この学校の門をくぐったのは、確か桜が舞い散るころでした。早いものであれから９ヵ月近くが経とうとしています。それと共に、私の留学生活にも幕が下りようとしています。みなさんと出会い、その場、その時にしかできない貴重なことをたくさん経験させていただきました。お花見に始まり、７月の七夕やもみじ狩りなど。中国にも似たものがありますが、やはり日本で、日本の友達と過ごすからこそ意義があるのであって、おそらく中国に戻ったら、違う過ごし方しかできないでしょう。本当に楽しい毎日でした。みなさんありがとうございました。

さて新しい一年ですが、私の新しい一年は中国で始まります。中国に戻ったら、まず親戚、家族、友達など、身近な人たちに日本での経験をいろいろ話したいと思います。日本に来て感じたのですが、まだまだ両国間には、理解し合えていないところがあります。ですから、まずは身近な人達

から始め、周りの人々に日本の良さを知ってもらいたいと思っています。また逆に、中国に来ている日本人留学生にも中国の良さを是非とも分かってもらいたいです。来年1年間だけでとてもやり遂げられることではないですので、ゆっくりと、中国と日本のために、いろいろと活動していきたいと考えております。

男性：はい、ありがとうございました。劉さんのスピーチでした。劉さんは、この忘年会を最後に中国へ戻られますね。私たちも、劉さんを通じて、中国の文化などをたくさん学びました。確か、旧正月を中国では春節と呼び、日本の新年とはずいぶん異なる新年の迎え方をなさるんでしたよね。劉さんは、1月1日の元日はどちらで過ごされますか。

女性：日本です。今年はすごくラッキーなんです。日本で日本の新年を、中国で中国の新年を迎えることができますから。

男性：なるほど、新年早々幸運ですね。それでは、皆さん、劉さんにもう一度盛大な拍手をお願いします。

七、课文翻译

ユニット1 分别与重逢

（第一学期的课程结束了，留学生处举办了欢送会。）

主持人：本年度东西大学的交换留学生即将结束1年的在日留学生活，值此之际，请他们谈一谈各自的感想。好，从最左边的王宇翔同学开始。

王　　：好的。（走到话筒前）我是王宇翔。今天，学校为我们举办如此盛大的欢送会，在此我首先向诸位表示诚挚的谢意。（鞠躬）

　　　　去年8月，我作为交换留学生来到东西大学，第一次步入校园时的激动心情，至今还记忆犹新。时光荏苒，转眼1年已经过去了。说实话，在来日本之前，我非常忐忑不安，总是担心我的日语别人听不听得懂、能不能交到朋友。其实在我们到来之前，你们已经做好了充分的准备，正是由于你们的辛勤工作，我的担心一扫而光，至今我还非常感激大家。谢谢！（向大学的有关人员鞠躬）

　　　　开课后，各位老师对我们既严厉又温和。在专业讨论课上，对于留学生来说要以同样的速度跟上日本学生确实难度较大，老师们就根据我们的理解程度授课。没有老师们的悉心指导，就没有我的留学生活。各位老师，谢谢了！（向导师鞠躬）

接下来我想对支持我的朋友们道一声谢。首先是同一个讨论班的日本同学。大家既是对同一学术领域感兴趣的同学，同时你们又是我的老师，因为你们教给我很多我不知道的新单词。课堂上你们经常帮助我，帮我用通俗易懂的语言解释难词，帮我纠正日语中的错误。课下，咱们一边喝茶一边聊天，这对我来说也是不可多得的学习机会。我能愉快、顺利地度过这一年，真是多亏了大家的帮助，谢谢你们！

我们这所大学有来自四面八方的留学生在这里学习，我也由衷地感谢他们。我和大家经常一起讨论日本文化、习惯方面的疑惑和不解之处。这种讨论培养了我观察外来文化的能力，并使我认识到，在我看来是理所当然的事，别人也许会觉得不可思议。有时，和日本人说话会觉得表达不清，心里很着急，而和留学生说话不知为什么总是很顺畅，消除了我很大的压力。

和大家聊天我心里感到很踏实。大家总是向我伸出热情之手，真的很感谢你们！

还有，和我一同抛洒汗水、刻苦训练的空手道队的朋友们，咱们经常一起喝酒、彻夜长谈，我懂得了年轻人的兴趣和烦恼不论国籍和文化都是相同的。每天的训练虽然很辛苦，但由于接触了空手道，我的身心都得到了锻炼，而且加深了对日本文化的理解。1年的时光转瞬即逝，现在所有的一切对我来说都是不可替代的珍贵记忆。谢谢大家！

回国后，作为对大家的回报，我将为架起中日之间的友谊之桥而贡献自己的微薄之力。简单几句，就算我的临别感言吧。希望下次能在北京见到大家，大家来北京的时候请一定和我联系。恭候大家的到来。谢谢！（王鞠躬致谢，会场上响起了掌声。）

主持人：谢谢王宇翔。下面有请查莉。

查　莉：我是查莉，我……

（查莉继续发言）

主持人：（大家的发言结束后）请大家继续畅谈。

（在酒会上，大家边用餐边交谈）

木　村：王宇翔，你讲得真好，我都感动了。你真要走了啊。

玛　丽：真的，我也很感动。哎呀，王宇翔不在了多没意思啊！

王　　：你们这么一说我也挺难过的，不过坐飞机去北京才3个小时左右，你们要是想我了，立刻就能见面啊。我等着你们，你们一定来玩儿啊！

（吉田老师走过来）

老　师：王宇翔，就要回国了啊。你很努力，这1年你的日语进步了不少。

王　　　：没有没有，多亏您的指教，太感谢您了！

老　师：祝你成为日中友好的桥梁。

王　　　：好，我一定尽我的努力。老师您也多保重。

（1小时后）

主持人：大家兴致盎然，但时间已经差不多了。非常感谢大家光临今天的欢送会。祝即将回国的留学生们身体健康、学业顺利！今天的留学生欢送会到此结束。

（回国当日，在机场。高桥的父亲站在王的旁边正在说话，他看了看表，对王说）

父　　　：时间快到了吧。

母　　　：是啊，到了北京，还请多关照美穗。

王　　　：我知道了。

信　哉：下次我也去中国旅行，到时候请多关照啊。还有，我姐姐也拜托你了。

王　　　：嗯，好的。哦，对了，请一定替我向奶奶问好，请她多保重身体，以后我们再见面。

信　哉：明白了。

王　　　：好，感谢大家的关照，多保重，再见！（挥手走进"国际出发"的区域）

（在北京机场的国际到达大厅。王推着载满行李的推车。突然有人横冲过来，推车撞到了一起。）

王　　　：对不起！（慌忙道歉）

（有人轻拍王的肩）

高　桥：王宇翔，你说日语，他听不懂。（回头一看，是高桥）

王　　　：呀，高桥！你来接我了！

（其他朋友也过来了）

渡　边：你回来了！

李　东：回来了！等着你呢！

王　　　：大家都来了！谢谢！

铃　木：不是！不是等你，是等礼物。

渡　边：你呀，铃木！（拍铃木）

铃　木：真疼！

（在出租车上）

高　桥：你看上去气色不错啊！

王　　　：嗯，你也是。你家里人都挺好的。

高　桥：是吗，那太好了。留学生活怎么样？

王　　：每天都很开心，眨眼工夫儿就回来了。不过还是回来踏实。……对了，我给你带礼物了。

高　桥：哇，太好了！是什么？

王　　：待会儿再说！（笑了）

2 致二十岁的你

以下文章是东京大学立花隆讨论班的学生对社会各界人士进行采访，并根据采访内容总结而成的。以下是写给二十岁左右青年的寄语集锦。

〈A〉

步入社会最大的感触是人际关系至关重要。我见过不少人从一流大学一毕业就进入到出版社工作，后来却屡受挫折。人际关系要是搞不好，就很难继续晋升，也会越来越孤立。步入社会最重要的是建立值得信赖的人际关系。人际关系的建立要看你在"善解人意、平易近人、诚实守信"等方面做得如何。

这也算不上什么建议，我觉得应该找到自己喜欢的事并开心地去做。做喜欢的事，如果做不成也就死心了。如果刚一步入社会就说"这个也想做，那个也想做"，结果还是不知道该做哪个好。不过，就算犹豫不决也没什么，人生是没有白费力气的事的。

萩尾望都/漫画家/1949年生

〈B〉

还是谈谈"生命的尊严"吧。我希望年轻人考虑一下"自己如何去做才能使我们这个社会更加和平"。还有，要在不断的思考中确立自我。我觉得人的生活方式应该是不甘于现状。我希望年轻人能一直抱有问题意识，并把它和行动结合起来。当然事情不会总是如愿以偿，尽最大的努力去做才是最重要的。做不到"最好"就做到"更好"，总比不往"好"了做要强。然后应该思考一下为什么不能做到"最好"。

这背后体现的是"相信自己"，也就是"自信"，还有"重视、在意自己"。不管怎么说实现理想不是轻而易举的事。但你在孜孜不倦地去做的过程中，会变得越来越欣赏自己。努力了就会渐渐喜欢自己的。

恒成正敏/长崎和平促进协会会员、长崎原子弹受害者/1929年生

〈C〉

过了二十岁再怎么说也会和社会产生各种关联了，这时最重要的是作为一个个体该如何生活。不是作为一个群体，也不是作为社会的一员，而是作为一个人应该怎样生活。提到国家和社会，有多少人能不被其束缚而拥有真正的自我？这对我们的将来

至关重要。

但是，日本社会正好相反。在日本社会中，这种倾向比较明显，即尽量将人们塑造成具备社会所需条件的人，而不是那种所谓"不守常规、做事莽撞、性格粗野"的人。但是，就我的经验而言，最可怕的是当这个国家或社会像雪崩一样崩溃的时候，自己已不知不觉置身其中了。尽管自己会觉得压抑不快，但也只能被雪崩裹挟着滑向同一个方向。

比如说，当了警察，就要为与自身意志无关的国家工作；进了公司，就要以企业的意志行事。这种做法是更积极地随雪崩一起滑坡。

所以我认为，无论随着雪崩怎么往下滑，作为"我"这个个体应该如何去感受、如何去生活，弄清这一点是非常重要的。应该尽力弄清什么是自己不能接受的、厌恶的。"不能随波逐流""不能随意迎合"，对此我们要坚守自己的信念。

今后的年轻一代，不仅要努力成为社会合格的一员，当整个世界都以惊人的速度"滑坡"的时候，还应时不时地从空中看一看，知道社会在朝哪个方向滑动，要有这种自由的理念。

加藤登纪子/独立作曲人/1947年生

〈D〉

这些话我曾跟大家说过，所以有些重复，我觉得最重要的还是读书。我总觉得现在的年轻人有些"脑细胞营养失调"。书是前人留下的智慧，我希望大家每周能读1本正经书，而不是漫画书。第二，二十岁左右是学外语的好时机，上了年纪再想学也来不及了，很多人上了年纪之后才后悔当初没有学外语。因此我要求大家第二外语要掌握到日语70%的程度，第三外语要达到日语50%的程度。掌握两门外语只有在学生时期才能做到，所以希望大家一定要学好外语。如果可能的话，作为学外语的延续，应尽量去留学。留学不限于欧美，也可以去亚洲的其他国家或是非洲、中南美等国，总之应该跨出国门。不是作为游客，而是站在国外的角度重新审视一下日本和自己，从这一点来说留学是最好的方法。第三，培养一项能够成为终生挚友的兴趣爱好。（省略）什么都可以，总之是能够相伴终生的兴趣爱好。因为人生不总是一帆风顺的，有失意的时候，也有得意的时候，在很多时候，兴趣爱好可以帮助鼓励我们。不说得这么深奥了，有一项兴趣爱好会很开心的。

石弘之/东京大学研究生院教授/1940年生

引自 立花隆 东京大学教养系立花隆讨论班《二十岁时节》